ORAD
EN TODA
OCASIÓN

ROSANNA VIRGILI

ORAD EN TODA OCASIÓN

La oración de los Salmos

SAN PABLO

© SAN PABLO 2024
Protasio Gómez, 11-15. 28027 Madrid
Tel. 917 425 113
E-mail: secretaria.edit@sanpablo.es - www.sanpablo.es
© Edizioni San Paolo s.r.l., Cinisello Balsamo (Milán) 2023
www.edizionisanpaolo.it

Título original: *La preghiera dei Salmi*
Traducción: José Antonio Pérez Sánchez, SSP

Distribución: SAN PABLO. División Comercial
Resina, 1. 28021 Madrid
Tel. 917 987 375
E-mail: ventas@sanpablo.es
ISBN: 978-84-285-7115-9
Depósito legal: M. 7.930-2024
Impreso en LiberDigital
Printed in Spain. Impreso en España

Introducción

«Y perseveraban en la enseñanza de los apóstoles, en la comunión, en la fracción del pan y en las oraciones» (He 2,42). Pero ¿cuáles eran las oraciones de la comunidad cristiana de los orígenes? ¿Cómo oraban los que llegaban a la fe? Jesús recomienda orar sin interrupción (cf. Lc 18,1; 21,36; 22,40) y también Pablo, escribiendo a los tesalonicenses, dice: «Sed constantes en orar» (1 Tes 5,17). Sobre la importancia de la oración, Jesús narra la parábola de la viuda obstinada (cf. Lc 18,2-5), donde el éxito de la viuda ante el juez malvado debe convencernos de la eficacia de la oración, por lo que nunca hay que cansarse de orar. La oración, concluye, es el signo de la fe; pero hoy, si Jesús regresara, ¿encontraría todavía «fe en la tierra» (cf. Lc 18,8)? ¿Y encontraría a alguien que todavía ore como lo hizo aquella pobre viuda? ¿Qué les queda hoy por pedir a los cristianos en oración que no se pueda obtener de otras «agencias»? ¿Qué pensar del juicio expresado por Yuval Noah Harari sobre la relación entre ciencia y religión en la actualidad, cuando afirma que las ciencias nos dan lo que las religiones nos han prometido? Él se refiere a la salud, a la emancipación de las necesidades primarias, a la felicidad... (cf. *Homo Deus. Breve historia del mañana*, Debate, Barcelona 2016). ¿No tiene un poco de razón?

Cada domingo, cuando aparece para el Ángelus, el papa Francisco pide a la multitud reunida en la Plaza de San Pedro que no se olvide de rezar por él. Pero ¿*para qué* lo pide? Y los católicos, procurando satisfacer su petición, ¿qué le piden a Dios para el Papa? ¿Salud? ¿Larga vida? ¿Fuerza para gobernar la Iglesia? ¿Sabiduría frente a sus detractores?

¿Cuál es el *motivo*, cuál es el fin, cuál es el *objetivo* de la oración cristiana?

Orar con los Salmos es una antiquísima tradición bíblica, patrística y monástica de los judíos y de los cristianos. Libro de la liturgia oficial de Israel (cf. 1Crón 16; 25; Esd 3,10-11; Neh 11,17), los Salmos se convirtieron luego en los textos de la oración cristiana (cf. Ef 5,19; Sant 5,13), e incluso forman parte de la liturgia (pensemos en el Salmo responsorial). En su monumental comentario (*Il Libro dei Salmi*, I-III, EDB, Bolonia 1981-1984), el cardenal Gianfranco Ravasi define el Salterio como un «microcosmos» de múltiples aspectos: literario, simbólico, teológico, de humanidad, de oración, de historia, de la liturgia. Microcosmos del Antiguo

Testamento, microcosmos cristiano, ya que, como escribe Hugo de San Víctor: «Toda la divina Escritura constituye un único libro y este único libro es Cristo» (*De Arca Noe morali* II, 8). Así como toda la historia de Israel –ocasión de la fidelidad de Dios a su aliado– se narra en los Salmos (véase el Sal 136 que reelabora el credo de Israel), el Salterio contiene el grito, el dolor, la alegría y la tristeza, los temores, las dudas, las esperanzas, toda la experiencia de la vida y la muerte humana. Contiene una «anatomía de todas las partes del alma», según el famoso aforismo de Calvino. La música y la poesía de cuya materia están hechos los Salmos es entonces capaz de convertir los versos de un «yo» orante, en voz de toda la asamblea, tanto de Israel como de la Iglesia.

David –el gran citado autor de los Salmos– «es nuestro Simónides, nuestro Píndaro, nuestro Alceo, nuestro Flaco, nuestro Catulo y nuestro Sereno», afirmaba con entusiasmo Jerónimo (*Cartas* 53,8,17). David es el poeta y, como todo poeta, tiene un papel especial. Bien descrito por Giorgio Caproni: «Cuando uno lee a un poeta, en el fondo no hace más que leerse a sí mismo. Ese poeta ha alcanzado en sí mismo una verdad que vale para todos y que ya, como la Bella Durmiente en el bosque, dormitaba en todos esperando ser despertada. Y así se llega a la otra paradoja: cuanto más se sumerge el poeta en su propio yo, más aleja de sí cualquier acusación de solipsismo, precisamente porque en esa zona de su yo está el nosotros. Un yo que pasa inmediatamente de la singularidad a la pluralidad» (*Sulla poesia*, Italo Svevo, Roma 2023, 72).

***

Al ser el Salterio una colección de cantos religiosos de Israel, debemos pensar que refleja la presencia y actividad del personal vinculado al Templo, en el que también figuraban los cantores en sentido técnico. Solo se mencionan explícitamente después del exilio –es decir, en el período del segundo Templo– pero las Escrituras atestiguan que también estaban en el Templo erigido por Salomón. Muchos textos documentan la celebración de las fiestas judías, que también incluían coros y danzas. Y, aun más, David es protagonista con su danza para celebrar la entrada del Arca en Jerusalén (cf. 2Sam 6,5.16); a David –quizás debido a este episodio– el libro primero de las Crónicas le atribuye la organización del culto, incluido el papel de los cantores (cf. 1Crón 25). Las fiestas tenían el rito de danzas y coros, los propios sacrificios iban acompañados con cantos (cf. Am 5,23). También hay testimonios de cantores profesionales en el palacio real en la época de David y Ezequías. También según las Crónicas, los otros autores de los Salmos –Asaf, Coré, Hemán, Etán, (a veces con el nombre de Yedutún)– son todos cantores del Templo de Salomón.

***

La numeración y la traducción de los Salmos aquí utilizadas son de la Sagrada Biblia (CEE 2011).

1
¡Escucha, hija!

Ese que en medio luce como el iris,
fue el gran cantor del Espíritu Santo,
que el Arca trasladó de pueblo en pueblo:
ahora sabe ya el mérito del canto,
en cuanto efecto fue de su deseo,
por el pago que le ha correspondido
(Dante Alighieri, *Divina Comedia*, Paraíso XX,37-42).

Los Salmos, respuesta exultante de Jerusalén

«Dichoso el hombre que no sigue el consejo de los impíos», así se abre el gran concierto del Salterio, destinado a un público de hombres que son invitados inmediatamente a ser parte del mismo, a poner la voz en primera persona, a identificarse con los cantores. En realidad, habrá muchísimas piezas líricas interpretadas por un solista que es, precisamente, «el hombre» (Sal 1,1). Es difícil pensar que pueda tratarse de un nombre que hay que entender en sentido colectivo; más plausible es que se refiera precisamente al género masculino. Una identidad confirmada por los títulos que se colocan en los distintos poemas, atribuidos en su gran mayoría al rey David (73) y, en el grupo restante, a Asaf (12) o a los hijos de Coré (11), a Hemán, Etán, Moisés y Salomón (2). Siempre son hombres, ya sea el rey u otros cantores o que solo estén implicados en la liturgia del Templo. No hay ninguna voz de mujer en los Salmos o, al menos, no en los proclamados por un solo individuo.

De hecho, no faltan Salmos que tienen como tema a todo el pueblo, Israel, o la asamblea de los justos que invoca a Dios para que cuide del destino universal de sus aliados (pensemos en los salmos de súplica: 12, 44, 60, 74, 79, 80, 83, 85, 106, 123, 129, 137) en los que es cierto que también están incluidas las mujeres, aunque sea de forma indirecta. Simbólicamente toma forma —¡eso es seguro!— una figura femenina a propósito de la asamblea de Israel, adornada de luz y ataviada con espléndidos vestidos, objeto de veneración por parte de los orantes que celebran la mirada amorosa del rey sobre ella:

> Escucha, hija, mira: inclina el oído,
> olvida tu pueblo y la casa paterna;
> prendado está el rey de tu belleza:
> póstrate ante él, que él es tu señor.
> La ciudad de Tiro viene con regalos,
> los pueblos más ricos buscan tu favor.

Ya entra la princesa, bellísima,
vestida de perlas y brocado;
la llevan ante el rey, con séquito de vírgenes,
la siguen sus compañeras:
las traen entre alegría y algazara,
van entrando en el palacio real.
«A cambio de tus padres tendrás hijos,
que nombrarás príncipes por toda la tierra».
Quiero hacer memorable tu nombre
por generaciones y generaciones,
y los pueblos te alabarán
por los siglos de los siglos (Sal 45,11-18).

En la segunda parte del salmo, un canto de amor dedicado al Rey Mesías, *ella* es descrita siguiendo las huellas del Cantar de los cantares, como la Esposa; por tanto, como la Reina. Se trata de una metáfora destinada a nombrar a todos los que viven en ella, a todo el pueblo de Dios sobre el que gobierna solemnemente el Rey. Aquí lo femenino sirve para incorporar simbólicamente a todos, sin distinción. Esto nos autorizaría a suponer que cada vez que el sujeto de los Salmos es un yo colectivo, gramaticalmente masculino, podría referirse, sin embargo, tanto a los hombres como a las mujeres de la casa de Israel, sobre los que reina «el más bello de los hombres» (Sal 45,3). Los Salmos son, pues, ante todo, esa respuesta de júbilo que Jerusalén, la Ciudad de

Dios, expresa con todos sus miembros y sus artes en agradecimiento por el gasto incalculable de Belleza con que su Esposo la ha revestido. Voz de la poesía responsorial que tiene sabor a oráculos proféticos:

> Pasé otra vez a tu lado, te vi en la edad del amor; extendí mi manto sobre ti para cubrir tu desnudez. Con juramento hice alianza contigo –oráculo del Señor Dios– y fuiste mía. Te lavé con agua, te limpié la sangre que te cubría y te ungí con aceite. Te puse vestiduras bordadas, te calcé zapatos de cuero fino, te ceñí de lino, te revestí de seda. Te engalané con joyas: te puse pulseras en los brazos y un collar en tu cuello. Te puse un anillo en la nariz, pendientes en tus orejas y una magnífica diadema en tu cabeza. Lucías joyas de oro y plata, vestidos de lino, seda y bordado; comías flor de harina, miel y aceite; estabas cada vez más bella y llegaste a ser como una reina. Se difundió entre las naciones paganas la fama de tu belleza, perfecta con los atavíos que yo había puesto sobre ti –oráculo del Señor Dios– (Ez 16,8-14).

Orar es danzar

Si la ciudad de Jerusalén se utiliza como una sinécdoque para indicar una vez más a todo el pueblo de Dios, en el salmo 87 la invitación a cantar y a danzar se dirige a hombres y mujeres:

Él la ha cimentado sobre el monte santo;
y el Señor prefiere las puertas de Sion
a todas las moradas de Jacob.
¡Qué pregón tan glorioso para ti
Ciudad de Dios!
«Contaré a Egipto y a Babilonia
entre mis fieles;
filisteos, tirios y etíopes
han nacido allí».
Se dirá de Sion: «Uno por uno,
todos han nacido en ella;
el Altísimo en persona la ha fundado».
El Señor escribirá en el registro de los pueblos:
«Este ha nacido allí».
Y cantarán mientras danzan:
«Todas mis fuentes están en ti».

La propia descripción de la ciudad exalta su apertura a presencias diferentes y plurales, posibles gracias a las «puertas de Sion» dispuestas a acoger a Rahab y Babilonia –designaciones de pueblos históricamente enemigos de Judea–, así como a Filistea –región de antiguas guerras intestinas para el pueblo de Dios–, la fenicia Tiro –de donde procedía Jezabel, la reina enemiga de Elías– y Etiopía, tierra mítica de los lejanos descendientes de Cam, depositarios de terribles maldiciones (cf. Gén 9,20-24). ¡Sion no solo será la anfitriona cortés de estas razas extranjeras, sino que incluso se revelará como la madre en cuyo vientre han sido concebidas! La diferencia étnica y la diversidad de la historia de cada región en la tienda de Sion revelarán su identidad compuesta de riquezas complementarias. Entonces, no solo podemos escuchar la voz femenina resonar en los Salmos de Sion sino también la voz coral de una humanidad universal y reconciliada.

En uno de los muchos salmos que tratan sobre la gran epopeya del éxodo, David recuerda, celebrándolo:

> Dice el Señor: «Los traeré desde Basán,
> los traeré desde el fondo del mar;
> teñirás tus pies en la sangre del enemigo
> y los perros la lamerán con sus lenguas».
> Aparece tu cortejo, oh Dios,
> el cortejo de mi Dios, de mi Rey, hacia el santuario.
> Al frente, marchan los cantores;
> los últimos, los tocadores de arpa;
> en medio, las muchachas van tocando panderos.
> «En vuestras asambleas, bendecid a Dios,
> al Señor, estirpe de Israel» (Sal 68,23-27).

La invitación es para cantores y muchachas, pues juntos, en armonía, interpretan un concierto de instrumentos de cuerda y percusión, mientras toda la asamblea eleva su coro de bendición. Un cuadro ritual que no puede dejar de evocar el primitivo recuerdo de la salida del mar, cuando, aún incrédulos y asombrados, los israelitas alabaron al Señor interpretando uno de los más famosos cánticos bíblicos:

Al soplo de tu nariz, se amontonaron las aguas,
las corrientes se alzaron como un dique,
las olas se cuajaron en el mar.
Decía el enemigo: «Los perseguiré y alcanzaré,
repartiré el botín, se saciará mi codicia,
empuñaré la espada, los agarrará mi mano».
Pero sopló tu aliento y los cubrió el mar,
se hundieron como plomo en las aguas formidables.
¿Quién como tú, Señor, entre los dioses?
¿Quién como tú, terrible entre los santos,
temible por tus proezas, autor de maravillas?
(Éx 15,8.11).

Fue Moisés quien entonó el cántico y actuó como director del coro, mientras que fue María –su hermana, y también profetisa– quien entonó el estribillo e inició la danza de las mujeres al ritmo de sus timbales:

María la profetisa, hermana de Aarón, tomó su pandero en la mano y todas las mujeres salieron tras ella con panderos a danzar. María entonaba: «Cantaré al Señor, pues se cubrió de gloria, caballos y jinetes arrojó en el mar» (Éx 15,20-21).

María consigue hacer danzar a las mujeres judías y, con ellas, podemos imaginar, a todo el pueblo recién salido de las fauces del abismo de la esclavitud. ¡María logra lo que ni siquiera Jesús logrará! En efecto, él dirá desconsoladamente: «¿A quién, pues, compararé los hombres de esta generación? ¿A quién son semejantes? Se asemejan a unos niños, sentados en la plaza, que gritan unos a otros aquello de: "Hemos tocado la flauta y no habéis bailado, hemos entonado lamentaciones y no habéis llorado"» (Lc 7,31-32).

El poder de la danza como expresión primaria de la oración de alabanza se confirma con la bendición sobre los hijos y las hijas que el orante dirige apasionadamente a Dios, diciendo:

> Sean nuestros hijos un plantío,
> crecidos desde su adolescencia;
> nuestras hijas sean columnas talladas,
> estructura de un templo (Sal 144,12).

Mientras los primeros se ponen como metáfora de la vida del justo que crece absorbiendo el agua de la Ley, las hijas se comparan con las columnas angulares que mantienen unido y en armonía el edificio de un palacio. Se alude a esa Sabiduría humana y divina necesaria para construir el palacio real y el Templo. Para darle a Israel una Casa. Resulta intrigante la comparación de las hijas con ese «cimiento» que se nombra en la Carta a los efesios a propósito de los apóstoles y profetas sobre los que se erige el edificio de la Iglesia: «Así pues, ya no sois extranjeros ni forasteros, sino conciudadanos de los santos y miembros de la familia de Dios. Estáis edificados sobre el cimiento de los apóstoles y profetas, y el mismo Cristo es la piedra angular. Por él todo el edificio queda ensamblado, y se va levantando hasta formar un templo consagrado al Señor» (Ef 2,19-21).

Una comparación que pone en juego a las mujeres y a los hombres de la Iglesia que ora, hoy, con los Salmos: la responsabilidad de entonar cánticos de sonrisas, de hacer bailar danzas en los pies de todos los exiliados, de los extranjeros, de los que escaparon de las guerras y el hambre, migrantes, peregrinos de la tierra. Ser los *cimientos* de una Casa donde encuentren refugio quienes emergen, milagrosamente, de las mareas agitadas, del engaño y el rechazo, de la violencia y la indiferencia, del despilfarro y la crueldad. Para que las comunidades cristianas puedan hacerse *música de alivio, tambores de fraternidad,* paredes de acogida, jardín para quien busca, más allá del malecón, las costas de una tierra prometida.

«Despertad, cítara y arpa»

¿Cómo podemos describir al sujeto humano que recita los Salmos? En primer lugar podemos basarnos en los títulos, entre los que David es a quien se le atribuye la mayor parte de toda la colección. La atribución a David está respaldada bíblicamente por un texto del primer libro de Samuel en el que algunos sirvientes del palacio de Saúl fueron enviados a buscar al hijo menor del Jesé, el de Belén:

> El espíritu del Señor se había retirado de Saúl y un espíritu maligno de parte del Señor comenzó a atormentarlo. Entonces los siervos de Saúl le dijeron: «Vemos cómo te está atormentando un mal espíritu de Dios. Ordene nuestro señor a sus servidores buscar un hombre que sepa tañer la cítara. Y cuando venga sobre ti el mal espíritu de Dios, tañerá con su mano sobre la lira y te vendrá bien». Saúl ordenó a sus servidores: «Buscadme un hombre diestro en el tañer y traédmelo». Uno de los criados dijo: «Conozco a un hijo de Jesé, el de Belén, que sabe tañer; además es fuerte, valiente y hombre de guerra, juicioso en el hablar y de buena presencia. El Señor está con él» (1Sam 16,14-18).

¡Este es uno de los raros casos de musicoterapia explícitamente declarados en el mundo antiguo! Para tratar la depresión o cualquier otra patología psicológica o moral, ¡la «buena» música es la mejor medicina! No es que falte, en realidad, en los libros bíblicos histórico/proféticos gente que toca, en este caso el arpa, y podrían ser también ellos autores de Salmos. En el libro segundo de los Reyes, de hecho, se cuenta un gesto oracular del profeta Eliseo cuando el rey de Samaria quiso acusarlo de la falta de agua:

Eliseo dijo entonces [...]: «Traedme ahora un músico. Mientras el músico tañía, la mano del Señor vino sobre Eliseo, que profetizó: "Así dice el Señor: 'Excavad en este valle albercas y más albercas', pues, así dice el Señor: 'No podréis vislumbrar viento ni lluvia y, sin embargo, se colmará de agua esta torrentera y beberéis vosotros y vuestros ejércitos y ganados'"» (2Re 3,14-17).

Teniendo en cuenta que los Salmos son cantos a menudo interpretados explícitamente con arpa y lira, con la ayuda de un músico, Eliseo podría haber sido un salmista que, al son de las notas de su acompañante, podría cantar: «Dios mío, te cantaré un cántico nuevo, tocaré para ti el arpa de diez cuerdas» (Sal 144,9); «Voy a cantar y a tocar: despierta, gloria mía; despertad, cítara y arpa, despertaré a la aurora» (Sal 57,8b-9). Además, como sabemos, el propio nombre *Salterio* –que indica precisamente la colección de los ciento cincuenta salmos de la

Biblia– proviene del griego *psaltérion,* que designa el instrumento de cuerda que acompaña a los Salmos; que, sin embargo, en hebreo son *tehillim,* simplemente «himnos».

Salmos y sentimientos

Sin embargo, la redundancia de títulos que atribuyen a David la mayor parte de la autoría del Salterio no deriva solo de su arte como músico, sino sobre todo de los acontecimientos de su vida narrados en los libros de Samuel. Los sentimientos que rodean la vida de David son innumerables, sus límites son infinitos y sus pecados muchos, como también son sublimes sus conversiones y sus lágrimas de arrepentimiento. De las vicisitudes del hombre que Dios llama «mi siervo» (Sal 89,21) surge una plenitud de humanidad de la que pocos –en la Escritura– podrían presumir. David es un pecador y, al mismo tiempo, el hombre *«según su corazón»* (cf. 1Sam 13,14; He 13,2); es violento y vengativo, y también compasivo y extremadamente tolerante; es jefe de una banda criminal, pero respeta al ungido de Dios con una conciencia de pureza adamantina que otros no podrían igualar fácilmente.

Si, por tanto, el propio David es el autor de casi la mitad de la colección de los Salmos, esto significa que el hombre que ora, el orante ideal, no es el virtuoso, el justo, el dócil y temeroso de Dios, ni el que se considera perfecto en el cumplimiento del código moral y religioso o el que piensa en presentarse sin mancha ni debilidad ante Dios para cobrar de Él la debida recompensa. El hombre que ora es una persona que conoce la palabra de Dios y ve lo lejos que está todavía de sus acciones y de sus sentimientos, por eso está dispuesto a llorar, a suplicar, a pedir perdón (cf. Sal 51); el hombre que reza es alguien aplastado por sus semejantes que lo marginan de la felicidad social o que lo oprimen con actos y leyes injustos, con sentimientos y gestos egoístas y malvados. El hombre que reza es el hombre abandonado y traicionado incluso por sus amigos, que no tiene a nadie que le ayude a sobrevivir. El hombre que reza con los Salmos es un hombre oprimido por numerosos tipos de «enemigos» y que, por tanto, siente que no puede salvar su vida solo. La oración de los Salmos es voz de quien no tiene voz, grito de quien está sin aliento, el alarido que llega como un silencio ensordecedor de quien es silenciado, rechazado, refutado, descartado y que, para la mayoría, ni siquiera existe.

David, el rey David, tuvo todas estas experiencias. Fue, incluso, expulsado de la ciudad que él mismo había puesto como sede del Arca de la Alianza, como casa de justicia y paz; ¡de hecho, fue expulsado de Jerusalén, de la «Ciudad de David»!: «El rey salió a pie con toda su familia [...]. Salió a pie con toda la gente, deteniéndose en la última casa [...]. David subía la cuesta de los Olivos llorando con la cabeza cubierta y descalzo» (2Sam 15,16-17.30). Qué podía sufrir más amargo el rey David que ser brutalmente desterrado de Jerusalén, la ciudad en la que había danzado al principio, llevando el Arca, morada originaria del Santísimo, involucrando con la alegría de su presencia a todo el pueblo? «David iba danzando ante el Señor con todas sus fuerzas, ceñido de un *efod* de lino. Él y toda la casa de Israel iban subiendo el Arca del Señor entre aclamaciones y al son de trompeta» (2Sam 6,14-15).

Jerusalén era la ciudad donde residía el Esposo, el Aliado, y donde los piadosos judíos peregrinaban cantando las Canciones de las subidas:

¡Qué alegría cuando me dijeron:
«Vamos a la casa del Señor»!
Ya están pisando nuestros pies
tus umbrales, Jerusalén.
Jerusalén está fundada
como ciudad bien compacta.
Allá suben las tribus,
las tribus del Señor,
según la costumbre de Israel,

a celebrar el nombre del Señor;
en ella están los tribunales de justicia,
en el palacio de David.
Desead la paz a Jerusalén:
«Vivan seguros los que te aman,
haya paz dentro de tus muros,
seguridad en tus palacios».
Por mis hermanos y compañeros,
voy a decir: «La paz contigo».
Por la casa del Señor, nuestro Dios,
te deseo todo bien
(Sal 122; cf. Sal 120-121,123-134).

De allí, del Santuario de Dios y de su propio palacio, de la ciudad para la que David pedía la paz, el rey salió como un prófugo, expulsado de la guerra encendida contra él por alguien que había salido de sus propias entrañas: ¡su hijo Absalón! Y mientras el rey se iba con tristeza de Sion para subir al monte de los Olivos, le tocó sufrir la humillación de oír insultos, improperios y maldiciones sobre su cabeza. «Al llegar el rey a Bajurín, salió de allí uno de la familia de Saúl, llamado Simeí, hijo de Guerá. Iba caminando y lanzando maldiciones. Y arrojaba piedras contra David y todos sus servidores [...]. Semeí decía al maldecirlo: "¡Fuera, fuera, hombre sanguinario, hombre desalmado! El Señor ha hecho recaer sobre ti la sangre de la casa de Saúl"» (2Sam 16,5-8). La reacción de David es lo que más llama la atención: no solo detiene a Abisay, que lo acompañaba fielmente y quería cortar la cabeza a los que se atrevían a apedrear al rey, sino que incluso abre la puerta al juicio de Dios sobre él y sobre el comportamiento de otros, diciendo: «Si maldice y si el Señor le ha ordenado maldecir a David, ¿quién le va a preguntar: "¿Por qué actúas así?"?» (2Sam 16,10).

La querella del justo

El orante de los Salmos se identifica con certeza con el justo, con el que crece a la sombra de la Ley donde está escrita la palabra sapiente de Dios. Comparado, en el inicio del Salterio, con un árbol de ciencia y de felicidad, quien se sienta a la sombra simbólica de sus Palabras tendrá exuberancia eterna:

Dichoso el hombre
que no sigue el consejo de los impíos,
ni entra por la senda de los pecadores,
ni se sienta en la reunión de los cínicos;
sino que su gozo es la Ley del Señor,
medita su Ley día y noche.
Será como un árbol
plantado al borde de la acequia:

da fruto en su sazón
y no se marchitan sus hojas;
y cuanto emprende tiene buen fin (Sal 1,1-3).

Dios es su aliado y se cumplirá la Palabra escrita en su Ley:

Porque el Señor protege el camino de los justos,
pero el camino de los impíos acaba mal (Sal 1,6).

El justo se describe a sí mismo detalladamente enumerando sus comportamientos, que contrastan con los de los malvados. Parece decisivo el aspecto práctico y la profundidad ética del salmista, que en el contexto del autor del salmo 101, señala al rey, al que gobierna, con quien el orante se identifica, de modo que aparece como él mismo:

Voy a cantar la bondad y a la justicia.
Para ti es mi música, Señor;
voy a explicar el camino perfecto (Sal 101,1-2a).

El sujeto orante llega a confundirse con la boca de Dios, ya que muestra que tiene los mismos juicios:

Andaré con rectitud de corazón
dentro de mi casa;

no pondré mis ojos
en intenciones viles.
Aborrezco al que obra mal,
no se juntará conmigo.
Lejos de mí el corazón torcido,
no aprobaré al malvado.
Al que en secreto difama a su prójimo
lo haré callar;
ojos engreídos, corazones arrogantes
no los soportaré (Sal 101,2b-5).

La promesa de salvación y lo que sucederá en el futuro se entrelazan en la visión de la acción de Dios:

Pongo mis ojos en los que son leales,
ellos vivirán conmigo;
el que sigue un camino perfecto,
ese me servirá.
No habitará en mi casa
el que actúa con soberbia;
el que dice mentiras
no durará en mi presencia.
Cada mañana haré callar
a los hombres malvados,
para excluir de la ciudad del Señor
a todos los malhechores (Sal 101,6-8).

Es muy fuerte la certeza de la presencia del Señor en toda la tierra en defensa de la justicia y de la vida de quienes le son fieles:

El Señor reina, la tierra goza,
se alegran las islas innumerables.
porque tú eres, Señor,
altísimo sobre toda la tierra,
encumbrado sobre todos los dioses.
Odiad el mal los que amáis al Señor:
Él protege la vida de sus fieles
y los libra de los malvados (Sal 97,1.9-10).

No obstante, el grito de los justos que siguen siendo oprimidos por los malvados permanece o, más bien, tiende a hacerse cada vez más agudo:

Inclina tu oído, Señor, escúchame,
que soy un pobre desamparado;
protege mi vida, que soy un fiel tuyo;
salva, Dios mío, a tu siervo, que confía en ti.
Piedad de mí, Señor,
que a ti te estoy llamando todo el día;
alegra el alma de tu siervo,
pues levanto mi alma hacia ti, Señor (Sal 86,1-4).

Y más aún:

Señor, te estoy llamando, ven de prisa,
escucha mi voz cuando te llamo (Sal 141,1).

A voz en grito clamo al Señor,
a voz en grito suplico al Señor;
desahogo ante Él mis afanes,
expongo ante Él mi angustia,
mientras me va faltando el aliento.
Pero tú conoces mis senderos,
y que en el camino por donde avanzo
me han escondido una trampa (Sal 142,2-4).

Extiendo mis brazos hacia ti:
tengo sed de ti como tierra reseca.
Escúchame enseguida, Señor,
que me falta el aliento.
No me escondas tu rostro,
igual que a los que bajan a la fosa.
En la mañana hazme escuchar tu gracia,
ya que confío en ti.
Indícame el camino que he de seguir,
pues levanto mi alma a ti (Sal 143,6-8).

Tiempos y lugares de oración

La oración de los Salmos tiene tiempos y lugares particulares que giran en torno a toda la experiencia de vida del salmista. Hay una oración de alabanza y de acción de gracias que se eleva en ocasiones de alegría y en días de júbilo, hay súplicas que surgen del dolor de los días aburridos y oscuros y hay ráfagas de expresiones de rabia debidas a momentos de humillación que parecen no tener fin. No faltan salmos que atestiguan la melancolía y el desconcierto que provoca el sentimiento de la lejanía de Dios, así como salmos oscurecidos por una angustia a veces abismal, absoluta, en ocasiones veteada de fragmentos de luz, de arañazos de esperanza. No hay un rincón de la humanidad que no encuentre voz en los Salmos.

Por eso el Salterio es un libro precioso, insustituible, indispensable. Sus palabras sirven para dar rostro a tanta materia informe que experimenta el ser humano y que amenaza con derretir el rostro del orante mismo. Palabras para afrontar el miedo, la impotencia y la desnudez, la pérdida de las cosas bellas, el estremecimiento de la muerte, los sentimientos y leyes originales (cf. Gén 2,18; 3,10). Ante esta condición humana, el orante reacciona con la fuerza de una oración en la noche:

En mi angustia busco a Dios;
de noche extiendo las manos sin descanso,
y mi alma rehúsa el consuelo.
Cuando me acuerdo de Dios, gimo,
y meditando me siento desfallecer.

Sujetas los párpados de mis ojos,
y la agitación no me deja hablar.
Repaso los días antiguos,
recuerdo los años remotos;
de noche lo pienso en mis adentros,
y meditándolo me pregunto (Sal 77,3-7).

Un lirismo sublime y conmovedor que parece resonar en un canto de Leopardi, aunque no en los oídos de Dios, sino en los de la luna:

Y cuando miro en el cielo las estrellas arder
me digo pensando en mis adentros:
¿Para qué tantos problemas?
¿Qué hace el aire infinito, y esa profunda
infinita serenidad? ¿Qué quiere decir esta
soledad inmensa? y yo, ¿qué soy?
(Canto nocturno de un pastor errante de Asia).

Hora de debilidad, de impotencia total, cuando se hace aguda la necesidad del otro, de un compañero, de un ángel. Gritos sumergidos en la angustia es la noche del salmista, a la que desafía con la certeza del auxilio de Dios. Grande y decisiva es la fuerza de la memoria que sostiene la oración actual, fundándola en el recuerdo de una noche antigua, también ella de temor y terror, pero que resultó ser una noche de gracia: la noche de la primera Pascua cuando, durante la última tarde pasada en Egipto, pasó el ángel de la muerte que, para los antepasados, se convirtió en mensajero de un día de vida renovada:

Yo pasaré esta noche por la tierra de Egipto y heriré a todos los primogénitos de la tierra de Egipto, desde los hombres hasta los ganados, y me tomaré justicia de todos los dioses de Egipto. Yo, el Señor. La sangre será vuestra señal en las casas donde habitáis. Cuando yo vea la sangre, pasaré de largo ante vosotros, y no habrá entre vosotros plaga exterminadora, cuando yo hiera a la tierra de Egipto. Este será un día memorable para vosotros; en él celebraréis fiesta en honor del Señor. De generación en generación, como ley perpetua lo festejaréis (Éx 12,12-14).

Y si la noche es un momento de especial intimidad para el orante, por la mañana no renuncia a la fuerza de su súplica:

Señor, escucha mis palabras,
atiende a mis gemidos,
haz caso de mis gritos de auxilio,
Rey mío y Dios mío.
A ti te suplico, Señor.
Por la mañana escucharás mi voz,
por la mañana te expongo mi causa,
y me quedo aguardando (Sal 5,2-4).

La gloria de Dios

El cielo proclama la gloria de Dios,
el firmamento pregona la obra de sus manos:
el día al día le pasa el mensaje,
la noche a la noche se lo susurra...
La Ley del Señor es perfecta
y es descanso del alma;
el precepto del Señor es fiel
e instruye a los ignorantes.
Los mandatos del Señor son rectos
y alegran el corazón;
la norma del Señor es límpida
y da luz a los ojos (Sal 19,2-3.8-9).

La Ley es tan perfecta como la creación: Dios ha creado el mundo con su Palabra y le ha dado a Israel las Palabras de la Ley para construir políticamente la Tierra Prometida. Ordenadamente, como en una orquesta, ha creado y ordenado *de dos en dos* los elementos naturales para que, en concierto, pudieran dar voz a la vida cósmica; por lo que también ha establecido, *en el derecho y la justicia,* las relaciones entre todos los habitantes del país para que este se convierta en jardín de vida para las generaciones presentes y futuras.

Pero la Sabiduría del Dios creador no garantiza la constancia del Dios de la Alianza sobre cuyos volubles comportamientos arden inquietantes preguntas:

«Sellé una alianza con mi elegido,
jurando a David, mi siervo:
Te fundaré un linaje perpetuo,
edificaré tu trono para todas las edades».
Tuyo es el cielo, tuya es la tierra;
tú cimentaste el orbe y cuanto contiene.
Justicia y derecho sostienen tu trono,
misericordia y fidelidad te preceden.
Dichoso el pueblo que sabe aclamarte:
caminará, oh Señor, a la luz de tu rostro;
no violaré mi alianza
ni cambiaré mis promesas.
Una vez juré por mi santidad
no faltar a mi palabra con David:
«Su linaje será perpetuo,
y su trono como el sol en mi presencia,
se mantendrá siempre como la luna:
testigo fiel en el cielo».
Tú, encolerizado con tu Ungido,
lo has rechazado y desechado;
has roto la alianza con tu siervo
y has profanado hasta el suelo su corona;
¿Dónde está, Señor, tu antigua misericordia
que por tu fidelidad juraste a David?
(Sal 89,4-5.12.15.35-40.50).

El Dios de Israel en los Salmos es siempre un sujeto agente libre y, a menudo, incomprensible a los ojos del orante, que utiliza la oración como alabanza pero también como queja, exigiéndole un refugio, una tienda donde estar a salvo de los muchos defectos que ve abrirse en la vida concreta, en la ambigua realidad de la vida cotidiana. ¡David es tu ungido y sin embargo no siempre lo has tratado como juraste! Siento lo mismo acerca de mi destino, parece denunciar el salmista. Yo también soy tu consagrado porque mi vida te ha sido confiada, pero no puedo dejar de ver que en la fe en ti hay certeza, pero no garantía. Ni siquiera si el lugar donde se va a orar es la casa de Dios, el Templo, tu santuario.

Sin embargo, la fe no se queda estancada en lo que la mente experimenta, sino que la trasciende, va más allá e inspira las magníficas visiones que se expresan en las Canciones de las subidas:

> Levanto mis ojos a los montes:
> ¿de dónde me vendrá el auxilio?
> El auxilio me viene del Señor,
> que hizo el cielo y la tierra.
> No permitirá que resbale tu pie,
> tu guardián no duerme;
> no duerme ni reposa
> el guardián de Israel.

El Señor te guarda a su sombra,
está a tu derecha;
de día el sol no te hará daño,
ni la luna de noche.
El Señor te guarda de todo mal,
Él guarda tu alma;
el Señor guarda tus entradas y salidas,
ahora y por siempre (Sal 121).

El corazón del justo continúa sintiéndose seguro y confía en su integridad de conducta para obtener hospitalidad en el monte de Dios, el monte Sion:

¿Quién podrá, Señor, hospedarse en tu casa,
quién podrá morar en tu montaña santa?
El que vive sin tacha y practica la justicia;
el que dice la verdad de corazón
y no habla mal de nadie con su lengua;
el que no hace mal a su hermano ni difama a su vecino,
desprecia al criminal y honra a los que temen al Señor;
el que, si jura en su perjuicio, no se desdice,
presta su dinero sin cobrar intereses
y no se deja sobornar contra el que es inocente.
El que hace todo esto jamás perecerá (Sal 15).

No basta con cumplir con obligaciones cultuales para «habitar» en el monte del Señor; ante sus ojos están los corazones y las manos de sus fieles, cuya coherencia práctica, observa y valora. En el Salterio la casa del Señor implica metafóricamente un lugar donde quien ora sale de sí mismo y mira su alma desde los ojos de otro: ese Otro, esa Trascendencia, ese lugar celestial se convierte en el espejo desde donde el orante ve, habla, medita, atraviesa y sale de sí mismo.

¿Quién puede subir al monte del Señor?
¿Quién puede estar en el recinto sacro?
El hombre de manos inocentes y puro corazón,
que no confía en los ídolos
ni jura con engaño.
Ese recibirá la bendición del Señor,
le hará justicia el Dios de salvación (Sal 24,3-5).

2
El enemigo me persigue

Polvo que se infiltra
entre los pliegues
de la mente...
entre las tumbas
de nuestros sueños rotos
del miedo que oscurece el rostro.
Tú esparces
rocío de Luz
y llamándonos por el nombre
el latido del corazón
nos devuelves
de un nuevo paso
del canto feliz
(Graziella Milani).

Una constante de los salmos de súplica

Una constante de las muchas plegarias de súplica que componen los salmos es su insistencia contra los enemigos:

El enemigo me persigue a muerte,
empuja mi vida al sepulcro,
me confina a las tinieblas
como a los muertos ya olvidados.
Mi aliento desfallece,
mi corazón dentro de mí está yerto (Sal 143,3-4).

El salmista parece obsesionado con sus enemigos, continuamente atenazado por el miedo a sus ataques mortales, a sus amenazas de agresión:

Señor, cuántos son mis enemigos,
cuántos se levantan contra mí;
cuántos dicen de mí:
«Ya no lo protege Dios» (Sal 3,2-3).

Los escenarios del Salterio describen con frecuencia a dos adversarios enfrentados, compitiendo, poniéndose uno contra el otro, y quien habla es casi siempre el que se identifica con la víctima, que es atacado por diferentes verdugos potenciales. El enemigo se describe como un soldado, armado hasta los dientes, equipado con instrumentos de tortura, capaz de llevar a cabo actos de crueldad:

¿No afilará su espada,
tensará el arco y apuntará?

> Apunta sus armas mortíferas,
> prepara sus flechas incendiarias.
> Mirad: concibió el crimen, está preñado de maldad,
> y da a luz el engaño (Sal 7,13-15).

Son gente descarada que no teme a Dios y que se empeña en oprimir al justo:

> Vuelven al atardecer
> ladrando como perros,
> merodean por la ciudad.
> Mira: de su boca fluye baba,
> de sus labios, espadas:
> «¿Quién nos oirá?» (Sal 59,7-8).

Escenas que hacen pensar en la ocupación nazi en Italia entre 1943 y 1945, cuando los soldados alemanes «merodeaban» por las ciudades y los campos italianos en busca de judíos, de partisanos o de soldados estadounidenses que pudieran esconderse en casas, en las rectorías, desvanes o graneros. Gente que creía que tenía autoridad suprema y, por tanto, total impunidad ante cualquier posible brutalidad cometida. Semejantes a ellos son los enemigos de Jerusalén, los que la redujeron a escombros, los que no perdonaron a la ciudad de Dios:

Dios mío, los gentiles han entrado en tu heredad,
han profanado tu santo Templo,
han reducido Jerusalén a ruinas.
Echaron los cadáveres de tus siervos
en pasto a las aves del cielo,
y la carne de tus fieles a las fieras de la tierra.
Derramaron su sangre como agua
en torno a Jerusalén,
y nadie la enterraba.
Fuimos el escarnio de nuestros vecinos,
la irrisión y la burla de los que nos rodean (Sal 79,1-4).

Del corazón del salmista surge el lamento por la ciudad destruida y contaminada, por la muerte sacrílega que los enemigos han dado a sus habitantes: los han matado y los han dejado como estiércol «alrededor» de la ciudad de Dios, sin dignidad de sepultura. Han derramado su sangre sin ningún respeto por la vida humana, sin tener en cuenta que eran el pueblo de Dios, pueblo puro, pueblo santo. Han destruido el Templo, violando la morada y la soberanía del cielo en la tierra. ¿Cómo no pensar hoy en las iglesias bombardeadas en Ucrania y, sobre todo, en las muchas vidas destruidas y arrojadas al barro de las calles como basura? ¿En las muchas monstruosidades, en las mil innobles vergüenzas que la guerra provoca al profanar ese «templo» de Dios en la tierra que son sus criaturas?

Los enemigos del salmista no son solo los que mueven ejércitos contra todo el pueblo al que pertenece; también pueden esconderse en otras muchas figuras menos sangrientas pero no menos insidiosas. Son personas que dicen mentiras contra él, desprestigiando su persona:

> [Guárdame] de los malvados que me asaltan,
> del enemigo mortal que me cerca.
> Han cerrado sus entrañas
> y hablan con boca arrogante;
> ya me rodean sus pasos,
> se hacen guiños para derribarme,
> como un león ávido de presa,
> como un cachorro agazapado en su escondrijo
> (Sal 17,9-12).

El enemigo del orante es quien lo acusa injustamente de inconsistencia, de corrupción, de complicidad con criminales, llevándolo a pedir a Dios que lo ponga a prueba, que demuestre su lealtad:

> Escrútame, Señor, ponme a prueba,
> sondea mis entrañas y mi corazón,
> porque tengo ante los ojos tu bondad,
> y camino en tu verdad.
> No me siento con gente falsa,
> no me junto con mentirosos;

detesto las bandas de malhechores,
no tomo asiento con los impíos.
Lavo en la inocencia mis manos,
y rodeo tu altar, Señor (Sal 26,2-6).

Un enemigo que hace pensar en esos que hoy se ven sometidos a calumnias y «arrojados a la primera página» o a Facebook con palabras difamatorias, sin poder defenderse, sin poder demostrar su inocencia y sin siquiera poder borrar imágenes devastadoras que los avergüenzan. Un sentimiento de impotencia envuelve al salmista, obligado a denunciar el odio del que ha sido víctima:

Bocas malvadas y fraudulentas
se abren contra mí
y me hablan con lengua mentirosa.
Me cercan con palabras odiosas
y me combaten sin motivo.
En pago de mi amor me acusan,
aunque yo oraba por ellos (Sal 109,2-4).

El día de la lucha

Contra sus enemigos, el orante suplica al *Otro* gran protagonista de la oración de los Salmos, Dios. Presionado por todas partes por la violencia de sus enemigos, oprimido por el miedo, aplastado por la angustia, el orante busca ansiosamente refugio en la fe en Dios:

> El Señor es mi luz y mi salvación,
> ¿a quién temeré?
> El Señor es la defensa de mi vida,
> ¿quién me hará temblar?
> Cuando me asaltan los malvados
> para devorar mi carne,
> ellos, enemigos y adversarios,
> tropiezan y caen.
> Si un ejército acampa contra mí,
> mi corazón no tiembla;
> si me declaran la guerra,
> me siento tranquilo (Sal 27,1-3).

La comparación con los enemigos es desigual: son un ejército entero mientras que el orante está solo. ¿Cómo podrá ser capaz de sobrevivir? ¿Cómo podrá salir victorioso de un enemigo que tiene una fuerza y un poder indiscutibles? Nadie en la tierra podría ayudar a la víctima de esta guerra. Solo Dios, el Dios que es la única luz, la única fuente de salvación para todas las víctimas del mundo.

Es fuerte la imagen de los *malvados* que «me asaltan para devorar mi carne» y parece ser una metáfora de las muchas maneras en que enemigos de todo tipo devoran la carne de aquellos que no tienen ángeles guardianes en este mundo. Pensemos en los niños de los que han abusado en cuerpo y en alma, en las mujeres víctimas de la trata, en los hombres explotados en el trabajo. Pensemos en quienes viven en los países y zonas más pobres del mundo en condiciones de vida infrahumanas. Pensemos también en tantos enfermos que ven su carne devorada por un enemigo invisible que, sin embargo, poco a poco, les roba el aliento. Ante la obra de tales «maldades», las víctimas, si se encuentran solas como en el salmo, no pueden hacer más que gritar su dolor a Dios, no pueden sino creer en Alguien que sea diferente de los poderosos de la tierra y confiar en su justicia y en su bondad. Es tal la perfidia sofisticada del malvado, que infunde terror al inocente, el cual no tiene más remedio que encomendarse a Dios con su súplica:

Escucha, oh Dios, la voz de mi lamento
protege mi vida del terrible enemigo;
escóndeme de la conjura de los perversos
y del motín de los malhechores.
Afilan sus lenguas como espadas
y disparan como flechas palabras venenosas,
para herir a escondidas al inocente,
para herirlo por sorpresa y sin riesgo (Sal 64,2-5).

La ira y el deseo de venganza

Pero el lamento de quien es oprimido por los enemigos no se reduce a una especie de delegación en Dios para que resuelva su drama, no conduce a la pasividad. Al contrario, la oración se convierte en invectiva, se transforma en una lucha para persuadir a Dios de que luche por quienes creen en Él y solo en Él encuentran su esperanza:

Líbrame, Señor, de los malvados,
guárdame de los hombres violentos:
que planean maldades en su corazón
y todo el día provocan contiendas;
afilan sus lenguas como serpientes,
con veneno de víboras en los labios.
Defiéndeme, Señor, de la mano perversa;
guárdame de los hombres violentos,
que preparan zancadillas a mis pasos.
Los soberbios me esconden trampas;
los perversos me tienden una red
y por el camino me colocan lazos.
Pero yo digo al Señor: «Tú eres mi Dios»;
Señor, atiende a mis gritos de socorro;
Señor Dios, mi fuerte salvador
que cubres mi cabeza el día de la batalla
(Sal 140,2-8).

Las palabras de la víctima se vuelven cada vez más rabiosas y crudas; la voz desesperada de quien ha sufrido el odio acaba envenenada por ese mismo odio; el corazón alimentado por la hiel de la mentira se enciende con la llama de la venganza, de la maldición, de toda malicia posible contra su enemigo:

Queden huérfanos sus hijos
y viuda su mujer.
Que un acreedor se apodere de sus bienes
y los extraños se adueñen de sus sudores.
¡Jamás le brinde nadie su favor,
ni se apiade de sus huérfanos!
Que su posteridad sea exterminada
y en una generación se borre su nombre.
Recuerde el Señor la culpa de sus padres,
y no borre el pecado de su madre:
estén siempre ante el Señor
y borre de la tierra su memoria.
Se vistió la maldición cual manto,
que penetre en su interior como agua,
y en sus huesos como aceite;
sea cual vestido que lo cubre,
como un cinturón que lo ciñe siempre
(Sal 109,9.11-15.18-19).

Una oración en la que se invoca la maldición, aunque fuera para quien te está persiguiendo, solo podría resultar escandalosa para un cristiano. Es realmente difícil pensar en convertirla en un «sacrificio de alabanza» o un «sacrificio vespertino», en la dulce liturgia de las horas. Lo que llama la atención, sin embargo, es la aspereza de los brotes de revuelta que afloran, sinceros, como piedras que el cinismo de los «enemigos» ha logrado hacer incandescentes.

¿De verdad, poderosos, emitís sentencias justas?,
¿juzgáis equitativamente a los humanos?
¡No!, que cometéis crímenes a conciencia
imponiendo en la tierra la violencia de vuestras manos.
Se pervirtieron los malvados desde el vientre materno,
los mentirosos se extraviaron desde el seno.
Tienen veneno como veneno de serpiente,
de víbora sorda que se tapa el oído,
para no oír la voz del encantador,
del experto hacedor de hechizos.
Oh Dios, rómpeles los dientes en la boca;
quiebra, Señor, los colmillos a los leones.
Que se evaporen como agua que fluye,
que se marchiten como hierba que se pisa.
Sean como limaco que se deslíe al deslizarse;
como aborto de mujer, que no llega a ver el sol.
Antes de que echen espinas, como la zarza
verde o quemada, arrebátelos el vendaval.
Goce el justo viendo la venganza,
bañe sus pies en la sangre del malvado;

y la gente dirá: «¡El justo cosecha su fruto;
sí, hay un Dios que juzga en la tierra!» (Sal 58,2-12).

Orar con salmos como estos puede ayudar al cristiano a no encerrarse en un mundo blando y ficticio, sino a convertirse en prójimo de los perseguidos, hermano de quien sufre la injusticia, compañero de quien, cada día, ve arrojado sobre él un manto de maldición. De ese modo la oración se convierte en denuncia, y la denuncia exige la corresponsabilidad de toda la comunidad para liberar el corazón del orante de la granizada del mal que lo humilla, haciéndolo caer en el círculo vicioso y amargo del odio y la venganza. Un alivio que hasta el salmista más obstinado desea íntimamente: ya no quiere sufrir la violencia de los malvados pero tampoco quiere que su corazón experimente la seducción de la maldad a causa de la ira y la frustración, por eso suplica a Dios diciendo:

Coloca, Señor, una guardia en mi boca,
un centinela a la puerta de mis labios;
no dejes inclinarse mi corazón a la maldad,
a cometer crímenes y delitos;
ni que con los hombres malvados
participe en banquetes.
Que el justo me golpee, que el bueno me reprenda,
pero que el ungüento del impío no perfume mi cabeza;
yo seguiré rezando en sus desgracias.

Cuando caigan en las duras manos de sus jueces,
escucharán mis palabras amables;
como una piedra de molino, rota por tierra,
queden esparcidos sus huesos a la boca de la tumba
(Sal 141,3-7).

Los rostros de Dios

Contra las múltiples formas de maldad perpetradas por los malvados, el salmista pide a Dios razón y defensa, seguro de obtenerla de quien es plenitud de justicia en sí mismo; tal es la perfidia del malvado, que el orante se siente envuelto por ella y sabe que nadie más que Dios podrá liberarlo de los tentáculos de su medusa:

Las palabras de su boca son maldad y traición,
renuncia a ser sensato y a obrar bien;
acostado medita el crimen,
se obstina en el mal camino,
no rechaza la maldad.
Señor, tu misericordia llega al cielo,
tu fidelidad hasta las nubes;
tu justicia es como las altas cordilleras,
tus juicios son como el océano inmenso.
Tú socorres a hombres y animales (Sal 36,4-7).

A Dios se le percibe como el único vengador del justo, con quien el orante se identifica. Sus palabras se convierten, hoy, en la oración de quien sufre agravios, violencia, acoso, asesinatos y no encuentra quien le otorgue la justicia de la verdad y del arrepentimiento. Pensemos en esos magistrados, como Falcone y Borsellino y otros muchos más, que fueron perseguidos por la justicia hasta el punto de ser asesinados. Pensemos en los muchos ciudadanos del mundo a quienes se les niegan sus derechos humanos, civiles, políticos y económicos. Pensemos en la mentiras y la corrupción con que se tapa y tergiversa la verdad de los hechos hasta el punto que los culpables se convierten en inocentes y los inocentes en culpables. Cuántas personas, para dar paz a la indignación de su impotencia, para tener un defensor honesto de su causa y para cavar caminos de esperanza, encuentran voz en los Salmos donde Dios es el abogado de los inocentes:

> Él ama la justicia y el derecho,
> y su misericordia llena la tierra (Sal 33,5).

El salmista suplica a Dios que venga a «luchar» a su lado; la ayuda del Señor, sin embargo, ni es algo debido ni hay que darla por supuesta, sino que siempre es gratuita e incondicional; una libertad divina que genera en el orante la insistencia de una oración de resistencia:

Pelea, Señor, contra los que me atacan,
guerrea contra los que me hacen guerra;
empuña el escudo y la adarga,
levántate y ven en mi auxilio;
blande la lanza y la pica contra mis perseguidores;
di a mi alma: «Yo soy tu salvación».
Sean confundidos y avergonzados
los que atentan contra mi vida;
retrocedan y sean humillados
quienes traman mi derrota;
sean como tamo al viento,
acosados por el ángel del Señor;
sea su camino oscuro y resbaladizo,
perseguidos por el ángel del Señor.
Pues sin motivo me escondían redes,
sin motivo me abrían zanjas mortales.
¡Que les sorprenda el desastre imprevisto,
que se enreden en la red que escondieron,
y caigan dentro de la fosa!
Y yo me alegraré con el Señor,
gozando de su salvación;
todo mi ser proclamará:
«Señor, ¿quién como tú,
que defiendes al débil del poderoso,
al pobre y humilde del explotador?».

Señor, ¿cuándo vas a mirarlo?
Defiende mi vida de los que rugen,
mi único bien, de los leones.
Señor, tú lo has visto, no te calles;
Señor, no te quedes a distancia;
despierta, levántate, Dios mío;
Señor mío, defiende mi causa.
Júzgame según tu justicia, Señor, Dios mío,
y no se reirán de mí.
Canten y se alegren
los que desean mi justicia,
repitan siempre: «Grande es el Señor,
que desea la paz de su siervo»
(Sal 35,1-10.17.22-24.27).

Llama la atención la fuerza moral y espiritual del orante que pide a Dios rescate. Resuenan en estos salmos de súplica las palabras de Jeremías, también rebeldes y reivindicativas ante la impasibilidad de Dios ante la fortuna de los malvados y la humillación de su profeta:

Tú tienes razón, Señor,
cuando discuto contigo,
pero quiero proponerte un caso:
¿Por qué prosperan los malvados?,
¿por qué viven tranquilos los traidores?
Los plantas y echan raíces,
crecen y dan fruto.

Estás cerca de sus labios,
pero lejos de su corazón.
Mas tú, Señor, me conoces,
me examinas y has comprobado
mi buena actitud hacia ti.
Apártalos como a ovejas de matadero,
resérvalos para el día del sacrificio.
¿Hasta cuándo gemirá la tierra
y se secará la hierba del campo?
Por la maldad de sus habitantes
desaparecen el ganado y las aves,
pues dicen: «No ve nuestros caminos»
(Jer 12,1-4).

Sentimientos y situaciones que aún hoy muchos se encuentran viviendo con tristeza, y se sienten tentados a no reaccionar, a dejarse llevar, total, las cosas en el mundo son así: los malvados prosperan mientras los justos languidecen; los ricos acumulan miles de millones superfluos, mientras millones de pobres ni siquiera tienen agua potable; se seca toda la hierba de la tierra y cada día se extinguen cientos de especies animales por el salvaje y desafortunado saqueo del medioambiente de quienes dominan a escala mundial el planeta.

Orar con estos salmos o con la protesta de los profetas se convierte en un acto de audacia necesaria, un gesto de valentía, un signo de la dignidad humana que dice «¡no!» ante la arrogancia, ante el hecho de que una élite de seres humanos pueda ser ¡árbitro de la vida y de la muerte de todos los demás humanos! Signo de fe auténtica que dice «¡no!» a un Dios que «duerme» plácidamente en sus santuarios, al que no le interesa cuánta injusticia hay en el mundo, al que solo le preocupa comprobar si sus fieles le rinden actos de culto, mientras de su dolor, de su hambre, de sus asuntos políticos y de sus existencias aplastadas y despreciadas, no se ocupa en absoluto ¡No son asuntos de la religión! El salmista quiere y sabe que Dios, su Dios, el Dios verdadero, se preocupa plenamente por la historia y por el destino de sus criaturas:

Tú no eres un Dios que ame la maldad,
ni el malvado es tu huésped,
ni el arrogante se mantiene en tu presencia.
Detestas a los malhechores,
destruyes a los mentirosos;
al hombre sanguinario y traicionero
lo aborrece el Señor.
Pero yo, por tu gran bondad,
entraré en tu casa,
me postraré ante tu Templo santo
en tu temor.
Señor, guíame con tu justicia,
porque tengo enemigos;
alláname tu camino (Sal 5,5-9).

Es tan grande la fe del salmista que, mientras la voz de Dios concretamente calla, con los oídos de su corazón oye su enorme trueno:

La voz del Señor sobre las aguas,
el Dios de la gloria ha tronado,
el Señor sobre las aguas torrenciales.
La voz del Señor es potente,
la voz del Señor es magnífica,
la voz del Señor descuaja los cedros,
el Señor descuaja los cedros del Líbano.
Hace brincar al Líbano como un novillo,
al Sarión como a una cría de búfalo.
La voz del Señor lanza llamas de fuego,
la voz del Señor sacude el desierto,
el Señor sacude el desierto de Cadés.
La voz del Señor retuerce los robles,
el Señor descorteza las selvas.
En su Templo, un grito unánime: «¡Gloria!».
El Señor se sienta sobre las aguas del diluvio,
el Señor se sienta como rey eterno
(Sal 29,3-10).

La oración hace que el salmista experimente una teofanía en su corazón: cierra los ojos y ve la indiscutible grandeza de Dios, el poder del que «se sienta sobre las aguas del diluvio», dominando completamente las mediocridades de los poderosos de la tierra. Ante la visión del poder de Dios, el salmista pone a prueba su fidelidad y trata de persuadir al Señor para que intervenga directamente en su situación, teniendo en cuenta que, en verdad, él merece tal intervención:

Señor, Dios mío, a ti me acojo,
líbrame de mis perseguidores y sálvame;
que no me atrapen como leones
y me desgarren sin remedio.
Señor, Dios mío: si soy culpable,
si hay crímenes en mis manos,
si he devuelto el mal a mi amigo,
si he protegido a un opresor injusto,
que el enemigo me persiga y me alcance,
que me pisotee vivo por tierra,
aplastando mi honor contra el polvo.
Levántate, Señor, con tu ira,
álzate contra el furor de mis adversarios;
acude, Dios mío, a defenderme
en el juicio que has convocado.
El Señor es juez de los pueblos.
Júzgame, Señor, según mi justicia,
según la inocencia que hay en mí.
Yo daré gracias al Señor por su justicia,
tañendo para el nombre del Señor altísimo
(Sal 7,2-7.9.18).

Devastado por el mal recibido, impulsado por el horror de lo que se ve obligado a padecer, el salmista siente la urgencia de una intervención concreta y dramática de Dios, utiliza su súplica como un aguijón poderoso y penetrante, llegando incluso a pedir explícitamente a Dios la venganza.

El Dios vengador

Dios de la venganza, Señor,
Dios de la venganza, resplandece.
Levántate, juzga la tierra,
paga su merecido a los soberbios.
¿Hasta cuándo, Señor, los culpables,
hasta cuándo triunfarán los culpables?
Discursean profiriendo insolencias,
se jactan los malhechores.
Trituran, Señor, a tu pueblo,
oprimen a tu heredad;
asesinan a viudas y forasteros,
degüellan a los huérfanos,
y comentan: «Dios no lo ve,
el Dios de Jacob no se entera».
Sabe el Señor que los pensamientos del hombre
son insustanciales.
Dichoso el hombre a quien tú educas,
al que enseñas tu Ley (Sal 94,1-7.11-12).

El anhelo de la súplica se disuelve en un acto ulterior de fe, en el canto tenaz y reiterado de la fidelidad de Dios en el que el salmista se encuentra sólidamente seguro:

¿Quién se pone a mi favor
contra los perversos,
quién se coloca a mi lado
frente a los malhechores?
Si el Señor no me hubiera auxiliado,
ya estaría yo habitando en el silencio.
Cuando pensaba que iba a tropezar,
tu misericordia, Señor, me sostenía;
cuando se multiplican mis preocupaciones,
tus consuelos son mi delicia.
El Señor será mi alcázar,
Dios será mi roca de refugio.
Él les pagará su iniquidad,
los destruirá por sus maldades,
los destruirá el Señor, nuestro Dios
(Sal 94,16-19.22-23).

Aunque la venganza concreta de Dios está aún por llegar, el interior, el alma del orante, ya está consolada por Él, la alegría de la victoria ya ha empapado su corazón. Es la oración de quien, a pesar de que el orden del mundo sigue inalterable y el malvado aún permanece en su lugar, ve, más allá de la materialidad del presente, la verdad que trasciende el tiempo actual, *las cosas que permanecen*. ¡El Señor se levantará contra los malvados! Una visión que introduce, de fondo, la imagen apocalíptica de la ciudad de Babilonia:

Y los frutos maduros, tan apetecidos por ti,
se alejaron de ti, todo lo precioso y espléndido
se ha acabado para ti, y ya nunca volverán.
Los que comerciaban con estos productos,
que se hicieron ricos a costa de ella,
se quedarán lejos por miedo de su tormento,
llorando y lamentándose así:
«¡Ay, ay de la gran ciudad!
La que se vestía de lino, púrpura y escarlata
y se enjoyaba con oro,
piedras preciosas y perlas.
¡Porque en una hora
ha quedado asolada tanta riqueza!»
(Ap 18,14-17).

También el profeta del Apocalipsis, a través de sus visiones del fin, ve a contraluz el destino de la gran ciudad, símbolo de todas las ciudades notables, poderosas y malvadas que basan su bienestar en el sacrificio de «todos los degollados en la tierra»:

«¡Ay, ay de la gran ciudad,
a cuya costa se hicieron ricos
todos los que tenían barcos en el mar;
que en una hora ha quedado asolada!».
¡Regocíjate, cielo, por ella,
y también vosotros, los santos, los apóstoles
y los profetas!
Porque Dios, al condenarla,
ha reivindicado vuestra causa.
Un ángel vigoroso levantó una piedra grande
como una rueda de molino
y la precipitó al mar diciendo:
«Así, con este ímpetu será precipitada Babilonia,
la gran ciudad, y no quedará rastro de ella.
No se escuchará más en ti
la voz de citaristas ni músicos,
de flautas y trompetas.
No habrá más en ti artífices de ningún arte;
y ya no se escuchará en ti el ruido del molino;
ni brillará más en ti luz de lámpara;
ni se escuchará más en ti
la voz del novio y de la novia,
porque tus mercaderes eran los magnates de la tierra
y con tus brujerías embaucaste a todas las naciones.
Y en ella se encontró sangre de profetas y de santos
y de todos los degollados en la tierra»
(Ap 18,19-24).

Guerra y paz

Y mientras en el Apocalipsis se desatan todo tipo de castigos para precipitar a Babilonia y batallas escatológicas para destruir todo signo del mal, es decir, la muerte y el infierno, en los Salmos irrumpe el Dios que prepara a sus fieles para la guerra:

> Dios me ciñe de valor
> y me enseña un camino perfecto;
> Él me da pies de ciervo,
> y me coloca en las alturas;
> Él adiestra mis manos para la guerra,
> y mis brazos para tensar la ballesta.
> Me dejaste tu escudo protector,
> tu diestra me sostuvo,
> multiplicaste tus cuidados conmigo.
> Ensanchaste el camino a mis pasos,
> y no flaquearon mis tobillos.
> Yo perseguía al enemigo hasta alcanzarlo,
> y no me volvía sin haberlo aniquilado:
> los derroté, y no pudieron rehacerse,
> cayeron bajo mis pies.
> Me ceñiste de valor para la lucha,
> doblegaste a los que me resistían (Sal 18,33-40).

Dios mismo participa en las operaciones de guerra:

Los pueblos se amotinan, los reyes se rebelan;
pero Él lanza su trueno, y se tambalea la tierra.
El Señor del universo está con nosotros,
nuestro alcázar es el Dios de Jacob.
Venid a ver las obras del Señor,
las maravillas que hace en la tierra (Sal 46,7-9).

Pero, ¡Dios también quiere la paz!:

Pone fin a la guerra hasta el extremo del orbe,
rompe los arcos,
quiebra las lanzas,
prende fuego a los escudos.
«Rendíos, reconoced que yo soy Dios:
más alto que los pueblos,
más alto que la tierra» (Sal 46,10-11).

Se preocupa intensamente por el destino de Israel, rompe las ataduras de sus opresores, ama la libertad de sus elegidos:

Si el Señor no hubiera estado de nuestra parte
—que lo diga Israel—,
si el Señor no hubiera estado de nuestra parte,
cuando nos asaltaban los hombres,
nos habrían tragado vivos:
tanto ardía su ira contra nosotros.
Nos habrían arrollado las aguas,
llegándonos el torrente hasta el cuello;

nos habrían llegado hasta el cuello
las aguas impetuosas.
Bendito el Señor,
que no nos entregó
en presa a sus dientes;
hemos salvado la vida, como un pájaro
de la trampa del cazador:
la trampa se rompió, y escapamos.
Nuestro auxilio es el nombre del Señor,
que hizo el cielo y la tierra (Sal 124).

Y ni siquiera le falta ternura hacia cada una de
sus criaturas, lo que le hace acreedor de un agrade-
cido e ininterrumpido canto de bendición:

Como un padre siente ternura por sus hijos,
siente el Señor ternura por los que lo temen;
porque Él conoce nuestra masa,
se acuerda de que somos barro.
Los días del hombre duran lo que la hierba,
florecen como flor del campo.
Pero la misericordia del Señor
dura desde siempre y por siempre,
para aquellos que lo temen;
su justicia pasa de hijos a nietos:
Bendecid al Señor, todas sus obras,
en todo lugar de su imperio.
¡Bendice, alma mía, al Señor! (Sal 103,13-15.17.22).

3
Mi refugio es el Señor

> Dios de misericordia,
> tu hermoso Paraíso
> lo hiciste sobre todo
> para quien no tiene sonrisa,
> para aquellos que han vivido
> con la conciencia pura.
> El infierno solo existe
> para aquellos que le tienen miedo
> (Fabrizio De André).

«Refugio mío, alcázar mío, Dios mío, confío en ti»

Hemos visto cómo el orante del Salterio es un hombre que alaba y da gracias a su Dios, que canta su justicia y su salvación, pero también lo busca constante y ardientemente para derrotar a sus enemigos. Sin la engorrosa presencia de los enemigos, las palabras del salmista serían decididamente distintas y el mundo en el que se mueve sería totalmente diferente.

Aquí hay otro ejemplo más en uno de los salmos más elevados y citados –en el Nuevo Testamento– ¡incluso por el diablo! Se trata del salmo 91, en el que el sentimiento del orante es el de quien implora a Dios para que lo defienda de sus enemigos, seguro de su condescendencia, seguro de que se convertirá en adversario de sus adversarios: «Di al Señor: "Refugio mío, alcázar mío, Dios mío, confío en ti"» (Sal 91,2). El salmista se desdobla, dialoga consigo mismo mientras procede a asegurarse de la cercanía de Dios diciendo: «Él te librará de la red del cazador, de la peste funesta. Te cubrirá con sus plumas, bajo sus alas te refugiarás: su verdad es escudo y armadura» (Sal 91,3-4). El lenguaje es típicamente bélico: se imagina a Dios como un guerrero que protegerá a su fiel de las flechas lanzadas por el enemigo, con el escudo y la armadura de su fidelidad. Por eso el orante es liberado del miedo, un sentimiento de soledad del que el hombre justo e indefenso, por sí solo, no podría liberarse. Con todo, el miedo reaparece siempre en el corazón del orante y provoca visiones que aluden aún más dramáticamente a la guerra:

No temerás el espanto nocturno,
ni la flecha que vuela de día,
ni la peste que se desliza en las tinieblas,
ni la epidemia que devasta a mediodía.

Caerán a tu izquierda mil,
diez mil a tu derecha;
a ti no te alcanzará.
Nada más mirar con tus ojos,
verás la paga de los malvados (Sal 91,5-8).

Sobre el terror y la angustia, al pensar en los malvados, prevalece la fe en un Dios que los hace caer a miles junto al hombre justo y fiel, que es atacado por todos lados. Se trata de una fe ciega, por lo que el orante está convencido de que cualquier cosa que pueda arriesgar no le causará daño. La certeza de que el Señor es «mi refugio» lleva al salmista a dirigirse todavía a sí mismo, diciendo:

No se acercará la desgracia,
ni la plaga llegará hasta tu tienda,
porque a sus ángeles ha dado órdenes
para que te guarden en tus caminos.
Te llevará en sus palmas,
para que tu pie no tropiece en la piedra;
caminarás sobre áspides y víboras,
pisotearás leones y dragones (Sal 91,10-13).

Y es precisamente citando estos versículos (vv. 11-12) como el diablo provocó a Jesús en el desierto cuando «lo llevó a Jerusalén, lo puso en el alero del Templo y le dijo: "Si eres Hijo de Dios, tírate de aquí abajo, porque está escrito: 'Dará órdenes a sus ángeles acerca de ti, para que te cuiden', y también: 'Te sostendrán en sus manos para que tu pie no tropiece con ninguna piedra'"» (Lc 4,9-11). Más allá de que pueda resultar inquietante que el diablo recite los versos de un salmo, lo que más llama la atención es la respuesta de Jesús. A diferencia de lo que se podría esperar –considerando que estos sean los sentimientos del hombre que confía en Dios y que, por tanto, da por supuesto que vendrá a liberarlo de todo peligro y a vencer a todo tipo de enemigos–, Jesús rechaza todo esto, respondiendo al diablo con otra cita bíblica, del libro del Deuteronomio (6,16): «Está escrito: "No tentarás al Señor tu Dios"» (Lc 4,12). Jesús no parece muy seguro de ponerse en relación con Dios con las palabras del salmo 91, al contrario, teme que la fe extrema pueda conducir a una especie de fideísmo fanático hasta el punto de empujarlo al menosprecio del peligro y a arrojarse del alero del Templo, como si fuera una prueba que Dios pedía de su presencia y de su fidelidad, mientras lanzaba un clamor a Dios desde su presencia y su fe. ¡Dios puede poner a prueba la fe del hombre, pero el hombre no puede poner a prueba a Dios! Creer significa interactuar con la gracia y la libertad de Dios y no chantajearlo en base a las propias pretensiones y la propia inconsciencia.

«Se puso junto a mí: lo libraré»

Se puso junto a mí: lo libraré;
lo protegeré porque conoce mi nombre;
me invocará y lo escucharé.
Con Él estaré en la tribulación,
lo defenderé, lo glorificaré,
lo saciaré de largos días
y le haré ver mi salvación (Sal 91,14-16).

Sigue siendo indiscutible que el Señor liberará a su fiel de todo mal, sin duda vendrá a aliviarlo, pero solo con un don gratuito de amor y no obligado por un mecanismo de chantaje hipócrita. Por tanto, hay que estar atentos a las palabras de la oración de los Salmos, para captar su significado profundo y sincero, como es necesario estar atentos al corazón cuando se ora. El cardenal Carlo Maria Martini –como muchos otros con él– decía que muchas veces el lenguaje de los Salmos está lejos del nuestro y por eso, para *no* renunciar al maravilloso poder y pureza del Salterio, es conveniente comprender lo que sucedió después de su composición, de modo que nos aleja de muchas de sus expresiones. Hay que comprender por qué Jesús mismo no pudo usar ya las palabras de muchos Salmos para abrir su corazón a Dios.

El Maestro debió ser más bien reticente a la hora de indicar estas fórmulas para orar, ya que fueron sus discípulos quienes le pidieron: «Señor, enséñanos a orar» (Lc 11,1). Es difícil pensar que los doce no conocieran la oración del Salterio, ya que incluso el diablo la tenía muy presente (!). Jesús enseña una oración nueva, donde el nombre de Dios también es nuevo: Padre. Un nombre común que en el Antiguo Testamento se utiliza rara vez para indicar a Dios; más frecuentemente se usa para hablar del rey-Mesías que debe ocuparse de los pobres, de los huérfanos, de las viudas y de los extranjeros como si fuera para ellos un padre. En los Salmos, Dios tiene su propio nombre (YHWH) y es el nombre del Dios de Israel; o se le llama Elohim, un nombre más genérico para indicar a «Dios», pero utilizado –en el Antiguo Testamento– también para indicar al Dios de los judíos.

Lo que Jesús enseña, entonces, es una oración colectiva, hasta el punto de que su sujeto es un «nosotros»: «Padre [...] danos cada día nuestro pan cotidiano» (Lc 11,2.3), etc. El salmista se identifica, la mayoría de las veces, con el auténtico hombre piadoso y fiel a Dios, un hombre que vive una condición particular de pobreza, rechazo, marginación, persecución y que encuentra a «sus enemigos» entre los extranjeros y los idólatras, pero también entre sus compatriotas y correligionarios y por eso, para que lo defiendan, acude a Dios. Pero en la oración del Padrenuestro quien reza es toda la comunidad creyente, donde están incluidos también los propios enemigos. «Perdónanos nuestros pecados», dice la oración cristiana, como «también nosotros perdonamos a todo el que nos debe» (Lc 11,4), ¡una intención que reclama el final de toda enemistad!

Si tuviéramos que considerar a «todo el que nos debe algo» como «enemigo», se diría que este sería suprimido como categoría rígida e insoluble. En el Padrenuestro los «enemigos» serían esos a quienes, al perdonarlos, también nosotros somos perdonados por Dios. Mientras que el salmista, cuando se identifica con toda la comunidad de Israel que ora, pide la salvación para sí mismo y la muerte para sus enemigos, Jesús dice : «Habéis oído que se dijo: "Amarás a tu prójimo y odiarás a tu enemigo". Pero yo os digo: Amad a vuestros enemigos y rezad por los que os persiguen, para que seáis hijos de vuestro Padre celestial, que hace salir su sol sobre malos y buenos, y manda la lluvia sobre justos e injustos. Porque si amáis a los que os aman, ¿qué premio tendréis? ¿No hacen lo mismo también los publicanos? Y, si saludáis solo a vuestros hermanos, ¿qué hacéis de extraordinario? ¿No hacen lo mismo también los gentiles? Por tanto, sed perfectos, como vuestro Padre celestial es perfecto» (Mt 5,43-48). Con estas palabras Jesús no viene a abolir la Ley –ni los salmos que se inspiran en ella–, sino a *darle plenitud:* «No creáis que he venido a abolir la Ley y los profetas: no he venido a abolir, sino a dar plenitud» (Mt 5,17).

Jesús enuncia todo esto en su primer gran discurso en el evangelio de Mateo donde, como es sabido, al principio está el sermón de las Bienaventuranzas (cf. Mt 5,3-12). En ellas, los pobres, los que lloran, los mansos e incluso los perseguidos «por causa de la justicia» –situaciones típicas de los salmistas que ruegan a Dios que los libre– son considerados, al contrario, «bienaventurados». Con las Bienaventuranzas, Jesús responde a los numerosos salmos de súplica que piden venganza a Dios, que imploran justicia entendida como condena de los malvados y muerte de los enemigos, alterando por completo el orden de las mismas: la felicidad de los pobres es ser tales ante Dios; la felicidad del afligido es serlo ante Dios. La condición del pobre, del afligido, del que sufre violencia... trae ya en sí la redención, puesto que es una ocasión para experimentar la salvación que viene de Cristo. «Cuando soy débil entonces soy fuerte», como dirá Pablo (2Cor 12,10); la pobreza y la opresión son oportunidades providenciales para experimentar la libertad y la alegría que vienen exclusivamente del amor de Dios en Cristo. Una salvación que se asoma ya en los Salmos, aunque de manera latente, como perfume de profecía: «Has puesto en mi corazón más alegría que si abundara en su trigo y en su vino» (Sal 4,8).

La oración por los enemigos

¿Cómo pueden entonces los cristianos orar con los Salmos? ¿Cómo pueden entrar en el horizonte del mundo del salmista, cuyas fronteras están trazadas por la presencia conflictiva y odiosa de los enemigos? ¿Cómo puede el cristiano encontrar identidad frente a la identidad de otro hombre, diferente y hostil a él? Si Jesús dice: «Amad a vuestros enemigos» (Mt 5,44; Lc 6,27), adoptando el verbo que vincula al judío con su prójimo, implícitamente suprime al enemigo como objeto de odio y venganza, para transformarlo en un *prójimo* que debe ser amado como a uno mismo. Si en los oídos del cristiano resuenan las palabras del Señor Jesús cuando dice: «Bendecid a los que os maldicen, orad por los que os calumnian. Al que te pegue en una mejilla, preséntale la otra; al que te quite la capa no le impidas que tome también la túnica» (Lc 6,28-29), cómo podrá orar diciendo:

> ¡Capital de Babilonia, destructora,
> dichoso quien te devuelva
> el mal que nos has hecho!
> ¡Dichoso quien agarre y estrelle
> a tus hijos contra la peña! (Sal 137,8-9).

No es fácil imaginar que un cristiano pueda entonar salmos imprecatorios en el contexto de una plácida y luminosa liturgia de las horas, que se eleva al amanecer o al atardecer para pacificar los ánimos.

¡No es fácil proponer a los jóvenes hombres y mujeres que hablan con el lenguaje actual que recen de manera acrítica los Salmos sin prever una cierta incomodidad o esperar que mientras pronuncian palabras crueles se distraigan, providencialmente! Pero la grandeza del mensaje de los Salmos no permite que sean dejados de lado o reemplazados por oraciones más suaves. Alguien pensó en hacerlo con el Rosario, que tenía que ser de ciento cincuenta Avemarías (tres Rosarios en total) para que equivaliera a los ciento cincuenta salmos. Un intento absurdo, dada la diferencia de forma y contenido que caracterizan a estos dos tipos de oración.

Una solución más plausible podría ser, en cambio, trazar una distinción clara entre el Antiguo y el Nuevo Testamento, atribuyendo al primero la idea de un Dios justo y vengador y al Nuevo la de un Dios Padre misericordioso. Sin embargo, esto no permitiría utilizar el Salterio para la oración cristiana, ya que en la oración el cristiano se dirige a un rostro evangélico de Dios comparado con el de la Ley y los profetas.

Y he aquí, entonces, una tercera vía que podría –¡y debería!– seguirse, la más bíblicamente correcta, justificada en el propio canon católico donde el Antiguo Testamento se revela en el Nuevo, mientras

que el Nuevo se oculta en el Antiguo (*Novum in Ve-*
tere latet et in Novo Vetus patet), como decía Agustín
–que además es un príncipe entre los comentaristas
de los Salmos–. Nos damos cuenta así de cómo, en
realidad, ya en el Antiguo Testamento Dios muestra
su rostro de misericordia y los Salmos son testigos
de ello. En el salmo 136, conocido como el gran
Hallel, es decir, el himno de alabanza por excelencia
(que entró en la liturgia judía de las fiestas mayores:
Pascua, Pentecostés y de las Tiendas), se dice: «Dad
gracias al Señor porque es bueno, porque es eterna
su misericordia» (v. 1), y aunque haya mostrado ya
su misericordia especialmente hacia su pueblo, el
mismo salmista concluye: «Él da alimento a todo
viviente, porque es eterna su misericordia» (v. 25).

El Rostro misericordioso de Dios no falta en el
Antiguo Testamento. Y se manifiesta, en primer
lugar, precisamente hacia aquellos «malos» que son
los israelitas y no los extranjeros que les hacen la
guerra. El caso del becerro de oro puede considerar-
se ejemplar: ¡los «enemigos» de Dios son sus propios
aliados! Los judíos, pocos días después del juramen-
to del Sinaí (cf. Éx 24), se hicieron un ídolo de oro,
violando uno de los primeros mandamientos, una
de las primeras palabras de Dios que ellos mismos
firmaron: «No te fabricarás ídolos, ni figura alguna
de lo que hay arriba en el cielo, o en el agua debajo
de la tierra. No te postrarás ante ellos ni les darás

culto» (Éx 20,4-5). La crítica a los ídolos se repite con mucha fuerza en los Salmos:

> Los ídolos de los gentiles son oro y plata,
> hechura de manos humanas:
> tienen boca y no hablan,
> tienen ojos y no ven,
> tienen orejas y no oyen,
> no hay aliento en sus bocas.
> Sean lo mismo los que los hacen,
> cuantos confían en ellos (Sal 135,15-18).

A pesar de las invectivas contra los fabricantes de ídolos y de la esperanza de que serán condenados a convertirse en carcasas sin vida como ellos, Moisés, por el contrario: «Entonces Moisés suplicó al Señor, su Dios, y dijo: "¿Por qué, Señor, se va a encender tu ira contra tu pueblo, que tú sacaste de Egipto con gran poder y con mano robusta? [...] Aleja [verbo *shub*, ¡'conviértete'!] el incendio de tu ira, arrepiéntete de la amenaza contra tu pueblo"» (Éx 32,11-12). ¡Y Dios se convirtió! Y cuando volvió para una nueva alianza con su pueblo (todavía rebelde e idólatra) se presentó así: «Señor, Señor, Dios compasivo y misericordioso, lento a la ira y rico en clemencia y lealtad, que mantiene la clemencia hasta la milésima generación, que perdona la culpa, el delito y el pecado» (Éx 34,6-7).

Dios de misericordia

Todos los profetas presentan el Rostro de un Dios que no hará justicia contra los enemigos (¡que en realidad son sus propios aliados!), sino que los perdonará o pedirán a Dios mismo que lo haga. Isaías en su «introducción» contradice el salmo 5, en el que está escrito:

> Castígalos, oh Dios, que fracasen sus planes;
> expúlsalos por sus muchos crímenes,
> porque se han rebelado contra ti (Sal 5,11).

Dios seguirá un itinerario completamente diferente al indicado en el salmo respecto a los «rebeldes» (¡que son sus hijos!):

> Oíd, cielos, escucha tierra,
> que habla el Señor:
> «Hijos he criado y educado,
> y ellos se han rebelado contra mí [...]».
> ¡Ay, gente pecadora,
> pueblo cargado de culpas,
> raza malvada,
> hijos corrompidos!
> Han abandonado al Señor,
> han despreciado al santo de Israel,
> le han vuelto la espalda (Is 1,2.4).

El destino del rebelde se ve más como némesis inmanente del mal hacia quien lo comete, ¡algo que Dios no puede comprender!

¿Dónde podré golpearos todavía,
si os seguís rebelando?
La cabeza está herida,
el corazón extenuado,
de la planta del pie a la cabeza
no queda parte ilesa:
heridas y contusiones,
llagas abiertas,
no limpiadas ni vendadas
ni aliviadas con aceite.
Vuestro país está devastado,
vuestras ciudades incendiadas,
vuestros campos los devoran extranjeros,
ante vuestros ojos.
¡Hay desolación como en una catástrofe
causada por enemigos! (Is 1,5-7).

Lo normal es que Dios condenara a muerte a estos «rebeldes»; en cambio, al final, los invita a sentarse a su lado, con extrema dulzura, diciéndoles:

Venid entonces, y discutiremos
–dice el Señor–.
Aunque vuestros pecados sean como escarlata,

quedarán blancos como nieve;
aunque sean rojos como la púrpura,
quedarán como lana.
Vamos, hablemos
—dice el Señor—.
Aunque tus pecados fueran como escarlata,
se volverán blancos como la nieve.
Si fueran rojos como el morado,
serán como lana (Is 1,18).

También el Dios del Antiguo Testamento es un Dios de misericordia que no quiere la muerte de los malvados. De hecho, se dice expresamente en el profeta Ezequiel: «Hijo de hombre, te he constituido centinela de Israel. Cuando escuches una palabra de mi boca, los amonestarás de parte mía. Si yo digo al malvado: "morirás inexorablemente", y tú no lo habías amonestado ni le habías advertido que se apartara de su perversa conducta para conservar la vida, el malvado morirá por su culpa, pero a ti te pediré cuenta de su vida» (Ez 3,17-18; cf. Ez 33,7-8).

Malvados y misericordiosos

No solo Dios tiene misericordia, sino también los hombres que aman a Dios, aunque sean ellos mismos pecadores. El ejemplo del rey Saúl es maravilloso: mientras perseguía a David con la intención de matarlo, comprendió la grandeza del amor por el enemigo, que le pareció muy superior a la justicia retributiva de la venganza. «Saúl levantó la voz llorando. Y siguió diciendo: "Eres mejor que yo, pues tú me tratas bien, mientras que yo te trato mal. Hoy has puesto de manifiesto tu bondad para conmigo, pues el Señor me había puesto en tus manos y tú no me has matado. ¿Si uno encuentra a su enemigo, le deja seguir por las buenas el camino? Que el Señor te recompense el favor que hoy me has hecho"» (1Sam 24,17b-20).

David –que mataba a muchos enemigos e incluso en los Salmos invocará a menudo su muerte– no levanta, sin embargo, la mano sobre Saúl, el ungido del Señor, que se había convertido en su peor enemigo. David también muestra misericordia hacia Simeí, el hombre que lo había apedreado mientras él, humillado y expulsado por su hijo Absalón, bajaba de Jerusalén para subir al huerto de los Olivos. El día del regreso de David a su ciudad, Semeí fue a su encuentro con miedo a la venganza y Abisay –el mismo que lo acompañaba anteriormente– recordando la maldad de Semeí, invitó al rey a vengarse. Pero David le dijo: «"¿Va a morir hoy un hombre en Israel? Me doy cuenta de que hoy vuelvo a ser rey de Israel". El rey dijo a Semeí: "¡No morirás!". Y el rey se lo juró» (2Sam 19,23-24).

En la fiesta del regreso del rey David a Jerusalén, no puede haber muerte, ni venganza, ni enemigo: ¡la realeza de David es día de vida para todos! También a otro enemigo, David le demuestra que lo ama como se ama a sí mismo, o mejor, ¡más que a sí mismo! Es precisamente a su hijo Absalón. Cínico y fratricida (había matado a su hermano Amnón en venganza), Absalón había sido capaz de odiar a su padre hasta el punto de violar la corona mesiánica y su carácter sagrado, ¡de usurpar el trono del rey de Israel! (cf. 2Sam 15-16). Pero cuando David supo que su hijo había sido asesinado por sus hombres, en lugar de alegrarse (¡por la muerte de su enemigo!), reaccionó así: «Entonces el rey se estremeció. Subió a la habitación superior del portón y se puso a llorar. Decía al subir: "¡Hijo mío, Absalón, hijo mío! ¡Hijo mío, Absalón! ¡Quién me diera haber muerto en tu lugar! ¡Absalón, hijo mío, hijo mío!". Así, la victoria de aquel día se convirtió en duelo para todo el pueblo, al oír decir que el rey estaba apenado por su hijo. El rey se había cubierto el rostro, y gritaba con voz fuerte: "¡Hijo mío, Absalón! ¡Absalón, hijo mío, hijo mío!". Joab fue a ver al rey a palacio y le dijo: "Hoy has avergonzado el rostro de todos los servidores, que han salvado tu vida y la vida de tus hijos e hijas, de tus mujeres y de tus concubinas. *Amando a los que te odian* y odiando a los que te aman"» (2Sam 19,1.3.5-7a).

¡Este era David! El mismo hombre que salmodiaba diciendo:

> Yo perseguía al enemigo hasta alcanzarlo,
> y no me volvía sin haberlo aniquilado:
> los derroté, y no pudieron rehacerse,
> cayeron bajo mis pies.
> Me ceñiste de valor para la lucha,
> doblegaste a los que me resistían.
> Hiciste volver la espalda a mis enemigos,
> rechazaste a mis adversarios (Sal 18,38-41).

Las razones de los salmos de venganza atribuidos a David están bien justificadas en la historiografía bíblica deuteronomista de los libros de Samuel. De hecho, fueron muchas las víctimas de la audacia bélica del hijo de Isaí. Entre ellas, destaca la figura del gigante Goliat. Leemos en el texto bíblico: «A su regreso, cuando David volvía de matar al filisteo, salieron las mujeres de todas las ciudades de Israel al encuentro del rey Saúl para cantar danzando con tambores, gritos de alborozo y címbalos. Las mujeres cantaban y repetían al bailar: "Saúl mató a mil, David a diez mil"» (1Sam 18,6-7).

Al mismo tiempo, se narra un pensamiento interior, un lugar íntimo en el alma de David, por el que él sabe que la justicia es de Dios y que la vida de todo hombre está en sus manos. Hay una forma de orar de David que consiste en escuchar con humildad e inteligencia la palabra de Dios que llega a él a través de voces humanas, palabras sugeridas por profetas o mujeres sabias. De carácter impetuoso e impulsivo, un día David decidió vengarse exterminando a todos los varones de la familia de un hombre que le había agraviado (cf. 1Sam 25,1ss.). Pero la mujer del hombre fue a su encuentro y le dijo: «Y cuando el Señor haga a mi señor todo el bien que le tiene prometido y te haya hecho jefe de Israel, mi señor no tendrá motivo de turbación ni remordimiento de corazón por haber derramado sangre sin motivo, para aparecer como vencedor. Que el Señor favorezca a mi señor y entonces, acuérdate de tu sierva» (1Sam 25,30-31). Y David siguió el consejo de Abigail y cantó un cántico de bendición: «Bendito sea el Señor, Dios de Israel, que te ha enviado hoy a mi encuentro. Y bendita tu prudencia y bendita tú, que me has librado hoy de derramar sangre para quedar como vencedor» (1Sam 25,32b-33).

Su hijo Salomón se comportó como él. También hizo morir a muchos de sus enemigos pero, al mismo tiempo, dirigió a Dios una oración de vida por ellos: «"Concede, pues, a tu siervo, un corazón atento para juzgar a tu pueblo y discernir entre el bien y el mal. Pues, cierto, ¿quién podrá hacer justicia a este pueblo tuyo tan inmenso?". Agradó al Señor esta súplica de Salomón. Entonces le dijo Dios: "Por haberme pedido esto y no una vida larga o riquezas para ti, por no haberme pedido la vida de tus enemigos sino inteligencia para atender a la justicia, yo obraré según tu palabra: te concedo, pues, un corazón sabio e inteligente"» (1Re 3,9-12a).

4
Con palabras humanas

Sigues siendo el de la piedra y la honda
hombre de mi tiempo.
Estabas en la cabina
con alas malignas, relojes solares de muerte.
Te vi, dentro del carro de fuego, en la horca,
en las ruedas de tortura. Te vi: eras tú,
con tu ciencia exacta persuadida de exterminio,
sin amor, sin Cristo...
Olvidad, hijos, las nubes de sangre,
subid de la tierra, olvidaos de los padres
(Salvatore Quasimodo).

Salmos y violencia

Si el mandamiento del *amor a los enemigos* dado
por Jesús trastoca el orden religioso establecido en
la Ley, dónde queda en todo caso la imagen de un
Dios «justo» que «arrojó en el mar caballo y caballe-
ro», y así seguirá haciendo, para salvar a su pueblo
indefenso, una imagen asumida predominantemen-

te en las palabras de los salmistas; aunque también es cierto que este orden no desaparece del Nuevo Testamento. Queda como tensión entre el *ya* y el *todavía no*, donde el *ya* es una humanidad liberada de la enemistad, mientras que el *todavía no* reside en el hecho de que esa liberación debe atravesar enteramente a la humanidad y la historia, lo que significa también y todavía la resistencia de mil raíces en forma de esclavitud e impulsos de redención.

Si, en definitiva, ya ha acaecido lo que está escrito en Ef 2 («Él es nuestra paz: el que de los dos pueblos ha hecho uno, derribando en su cuerpo de carne el muro que los separaba: la enemistad», v. 14), sigue siendo cierto que también en las comunidades cristianas persisten cismas, rivalidades, envidias, celos y se resisten las tentaciones perennes de cristalizar en facciones armadas unas contra otras, a riesgo de hacer de Dios una bandera de partido, el nombre de una «Iglesia». Persiste el hecho de que un enemigo es una presencia permanente, aunque con encarnaciones diferentes, y que siempre es más fácil ver las propias virtudes y convencerse de la propia justicia que advertir la justicia y la igual dignidad de los demás.

Los primeros cristianos fueron víctimas de la enemistad de algunos judíos que los consideraban impíos y blasfemos, pero también en las comunidades de los que llegaron a la fe —tanto del mundo judío como del de los gentiles–, las divisiones son un tema escandaloso que, afortunadamente, será abordado poco a poco y tratado por los nuevos profetas y apóstoles cristianos: Pablo, Pedro, Bernabé, Esteban, Felipe y otros muchos.

Las palabras de los Salmos, por tanto, siguen siendo una expresión completamente sincera, sin censura, de lo que se agita en las entrañas de los mortales, donde habitan la alegría pura, las visiones de la más límpida belleza, la gratitud y el encanto del amor gratuito y misericordioso, las lágrimas de arrepentimiento y la conversión, pero también la ira contra quienes nos dejan sin aliento, la reacción violenta contra quienes nos causan un dolor inmenso, el odio más evidente contra quienes socavan el derecho y la justicia y las expectativas de amor y de paz. Sigue vivo el instinto de ver morir a quien te amenaza con quitarte la vida. La violencia confesada e invocada por los salmistas no carece, en verdad, de razón, como la de muchos que admiten hoy haber cometido brutales asesinatos. «La maté sin ningún motivo», dijo a los investigadores un joven, después de apuñalar varias veces a su novia embarazada. «Matábamos porque estábamos aburridos», admitieron con franqueza dos adolescentes ante sus interrogadores después de matar a la madre y al hermano pequeño de uno de ellos. Los asesinatos más «clásicos», los más numerosos, son los cometidos por intereses económicos, sociales o políticos, por necesidades ligadas al poder, a la prepotencia y a la codicia, que conducen al abuso de la vida de los demás.

Casos que no se dan en los Salmos, donde se invoca la muerte del enemigo por razones de supervivencia, porque ataca la vida de un pueblo menor, errante y exiliado, débil, y oprime a los inocentes e indefensos. Ni siquiera estas razones, por supuesto, pueden ser admitidas ni justificadas jamás en la fe cristiana, aunque siguen siendo objeto de preocupación, reflexión y discusión en la propia Iglesia, especialmente cuando uno se pregunta si es justo usar la violencia o tomar las armas para defender la propia vida o la de los seres queridos, hacer la guerra por las fronteras de la propia tierra o el destino del propio país.

Bienaventuranzas y ayes

Como ya hemos recordado, Jesús no viene a abolir, sino a dar plenitud a lo ya dicho en la Ley y los profetas. En el evangelio de Lucas, ya en el Magníficat, se retoma el motivo y el lenguaje de la «guerra», en el que los salmistas piden a Dios que luche en nombre de su pueblo, de sus pobres, derrocando a los soberbios que los oprimen:

Él hace proezas con su brazo:
dispersa a los soberbios de corazón,
derriba del trono a los poderosos
y enaltece a los humildes,
a los hambrientos los colma de bienes
y a los ricos los despide vacíos.
Auxilia a Israel, su siervo, acordándose de la misericordia
–como lo había prometido a nuestros padres–
en favor de Abrahán y su descendencia por siempre
(Lc 1,51-55).

El género literario es el de los cantos de victoria en la guerra (véase Jue 5; Jdt 16,1-17) y la victoria es tan cierta que se dice que ya sucedió, mientras que es algo que comienza a suceder, pero que llegará a su plenitud en el futuro. María asume el papel de Abrahán y se convierte en la persona a través de la cual se cumplen las promesas que Dios le hizo al protopatriarca. Los humildes, los hambrientos y el «siervo» Israel serán redimidos por el derrocamiento de los orgullosos, los poderosos y ricos que los dominan. Todo esto no se conseguirá, sin embargo, con las armas, con la venganza sangrienta, con la muerte de esos enemigos, sino con el nacimiento de un hijo: el hijo de María y el hijo de Dios que derribará del trono a los poderosos haciéndose carne, con el don del amor de sí mismo. Que hará que los oprimidos recuperen la vida perdiendo la suya propia, que será motivo de asombro con su resurrección. La victoria anunciada en el Magníficat estará tejida de vida y no de cadáveres, de reconciliación y no de eliminación, de perdón y no de condena; efectivamente, se hará realidad el día de Pascua, cuando Jesús, apareciéndose a los suyos, dirá: «¡Paz a vosotros!» (Lc 24,36).

También las Bienaventuranzas de Lucas se formulan en antítesis con los «ayes», en un esquema similar al de los Salmos, donde los justos tienen un destino opuesto al de los malvados (cf. Sal 1,4ss.):

Bienaventurados los pobres,
porque vuestro es el reino de Dios.
Bienaventurados los que ahora tenéis hambre,
porque quedaréis saciados.
Bienaventurados los que ahora lloráis,
porque reiréis.
Pero ¡ay de vosotros, los ricos,
porque ya habéis recibido vuestro consuelo!
¡Ay de vosotros, los que estáis saciados,
porque tendréis hambre!
¡Ay de los que ahora reís,
porque haréis duelo y lloraréis! (Lc 6,20-21.24-25).

Palabras de promesa que resuenan en el corazón de los pobres, similares a las de los Salmos. El oráculo del *ay* lanzado sobre los ricos, sobre quien está saciado, sobre quien se ríe con indiferencia y egoísmo de los que están devorados por el hambre y el sufrimiento, no es, en realidad, una amenaza de muerte. El texto lucano transpone la redención de los pobres a un futuro que ha de llegar, dando así a quien es objeto de los *ay*, tiempo para convertirse. Y al articular la actual aflicción de los pobres con la codicia de los ricos, estableciendo una conexión clara entre la saciedad de unos pocos y la miseria de muchos, lo convierte en un motivo de responsabilidad. Hay quien, aún hoy, entre los cristianos, para justificar a los ricos, cita las palabras de Jesús durante la cena en Betania: «A los pobres los tenéis siempre con vosotros» (Mt 26,11; Mc 14,7; Jn 12,4), como si la pobreza fuera una fatalidad y no el fruto de la codicia. Se olvidan de completar con la segunda parte la frase de Jesús: «pero a mí no siempre me tendréis» (Jn 12,8). En realidad, él quería ser, al menos por una noche, un hombre pobre, alguien a quien los doce tenían el deber de sacar de la indigencia. Y del que todos los cristianos debemos, en todo momento, hacernos cargo en la obra de la justicia y fraternidad.

Defensor de los débiles

Bendigo al Señor en todo momento,
su alabanza está siempre en mi boca;

mi alma se gloría en el Señor:
que los humildes lo escuchen y se alegren.
Proclamad conmigo la grandeza del Señor,
ensalcemos juntos su nombre.
Yo consulté al Señor, y me respondió,
me libró de todas mis ansias.
Contempladlo, y quedaréis radiantes,
vuestro rostro no se avergonzará.
El afligido invocó al Señor,
Él lo escuchó y lo salvó de sus angustias.
El ángel del Señor acampa en torno a quienes lo temen
y los protege.
Gustad y ved qué bueno es el Señor,
dichoso el que se acoge a Él.
Todos sus santos, temed al Señor,
porque nada les falta a los que lo temen;
los ricos empobrecen y pasan hambre,
los que buscan al Señor no carecen de nada.
Venid, hijos, escuchadme:
os instruiré en el temor del Señor.
¿Hay alguien que ame la vida
y desee días de prosperidad?
Guarda tu lengua del mal,
tus labios de la falsedad;
apártate del mal, obra el bien,
busca la paz y corre tras ella.
Los ojos del Señor miran a los justos,
sus oídos escuchan sus gritos;

pero el Señor se enfrenta con los malhechores,
para borrar de la tierra su memoria.
Cuando uno grita, el Señor lo escucha
y lo libra de sus angustias;
el Señor está cerca de los atribulados,
salva a los abatidos.
Aunque el justo sufra muchos males,
de todos lo libra el Señor;
Él cuida de todos sus huesos,
y ni uno solo se quebrará.
La maldad da muerte al malvado,
los que odian al justo serán castigados.
El Señor redime a sus siervos,
no será castigado quien se acoge a Él (Sal 34).

Las palabras de los Salmos son como una cuerda tensa entre la experiencia de un ser humano lleno de impotencia, desnudo y desilusionado, y el coraje, la audacia, de poder realizar el sueño de la victoria, de poder emanciparse de toda opresión. En definitiva, de poder derrotar, derribar y vencer a los numerosos «enemigos» de la vida. También el cristiano, por tanto, siente la actualidad de cada palabra del Salterio, cuando encuentra la fuerza para proceder mordiendo la piedra de la fe. Consciente de que Jesús es figura ejemplar de quien, haciéndose carne, ha comenzado a creer al mismo nivel que todos los humanos, o más precisamente, los más pobres, los más infelices entre ellos, los que están en los suburbios del mundo, el último de los invisibles. Cada persona podrá interpretar las palabras de los Salmos ante todo con la fe de que no está sola. Tiene que saber que no puede salvarse a sí misma, que la experiencia de la vida humana no es pensable individualmente, aunque se le concedieran todos los derechos. Los espacios, los tiempos y los carismas de cada individuo no son fines para el individuo aislado de los demás, sino dones preciosos que deben ser reconocidos para que todos puedan contribuir a la construcción del bien para todos. Para quienes forjan su corazón en una búsqueda incansable y esperan que del abrazo del Señor surjan otros amaneceres:

Oh Dios, tú eres mi Dios, por ti madrugo,
mi alma está sedienta de ti;
mi carne tiene ansia de ti,
como tierra reseca, agostada, sin agua.
¡Cómo te contemplaba en el santuario
viendo tu fuerza y tu gloria!
Tu gracia vale más que la vida,
te alabarán mis labios.
Toda mi vida te bendeciré
y alzaré las manos invocándote.
Me saciaré como de enjundia y de manteca,
y mis labios te alabarán jubilosos.

En el lecho me acuerdo de ti
y velando medito en ti,
porque fuiste mi auxilio,
y a la sombra de tus alas canto con júbilo.
Mi alma está unida a ti,
y tu diestra me sostiene (Sal 63,2-9).

La oración de los Salmos aflora en los ánimos quebrantados, agotados, exhaustos y, precisamente por eso, no son muchos los que pueden resistirla, los que logran hacer de las palabras músculos de aliento, sílabas de luz para traspasar las tinieblas. Sucede cuando el «enemigo» asume las formas más duras: un acontecimiento que te derriba, un acto de desamor que destroza el corazón, la enfermedad, la pobreza, la esclavitud, un cansancio que se vuelve insoportable y no puedes más...

Misericordia, Señor, que desfallezco;
cura, Señor, mis huesos dislocados.
Tengo el alma en delirio,
y tú, Señor, ¿hasta cuándo?
Vuélvete, Señor, liberta mi alma,
sálvame por tu misericordia.
Porque en el reino de la muerte nadie te invoca,
y en el abismo, ¿quién te alabará?
Estoy agotado de gemir:
de noche lloro sobre el lecho,

riego mi cama con lágrimas.
Mis ojos se consumen irritados,
envejecen por tantas contradicciones.
Apartaos de mí los malvados,
porque el Señor ha escuchado mis sollozos;
el Señor ha escuchado mi súplica,
el Señor ha aceptado mi oración (Sal 6,3-10).

Orar con los Salmos significa abrirse a una manera de ver las cosas por las que estas, pese a ser rígidas, estáticas, crueles, puedan transformarse poco a poco, volverse maleables, suavizarse y cambiar. Vistas desde otra perspectiva, pueden revelarse bajo otra luz, entenderse con lenguajes y sentidos inéditos. Orar es el arte de construir con la materia limitada, débil, perecedera, a veces obtusa de lo humano, figuras y caminos de renacimientos y renovaciones, de esa maravilla profética que dice: «Mirad que realizo algo nuevo; ya está brotando, ¿no lo notáis?» (Is 43,18). Por tanto, sigue siendo preciosa la materia, la finitud, el peso de la carne. Cuánto, según las palabras de los Salmos, se da en cada gramo con el peso específico de cada cual. La carne, sus fragilidades, su dolor, las continuas caídas, la humillante denuncia de su impotencia es instrumento indispensable, arpa y cítara de los Salmos. Del sonido seco de sus cuerdas, del soplo de su garganta que pasa por la flauta como un suspiro, nacerán formas completas, intentos realizados, un cuerpo que canta. Cada salmo es un paso de la carne al cuerpo compuesto de correspondencia. Cuerpo abierto a lo que aún no es pero que ya es, en la fe, en la esperanza, en la pasión del amor:

Cantad a Dios, tocad a su nombre,
alfombrad el camino del que avanza sobre las nubes;
su nombre es el Señor: alegraos en su presencia.
Padre de huérfanos, protector de viudas,
Dios vive en su santa morada.
Dios prepara casa a los desvalidos,
libera a los cautivos y los enriquece;
solo los rebeldes se quedan en la tierra abrasada.
Oh Dios, cuando salías al frente de tu pueblo
y avanzabas por el desierto,
la tierra tembló, el cielo destiló
ante Dios, el Dios del Sinaí;
ante Dios, el Dios de Israel.
Derramaste en tu heredad, oh Dios, una lluvia copiosa,
aliviaste la tierra extenuada;
y tu rebaño habitó en la tierra
que tu bondad, oh Dios,
preparó para los pobres (Sal 68,5-11).

Orar con los Salmos significa, entonces, ponerse a uno mismo entero en el pentagrama musical para que el aliento se convierta en concierto, el grito se traduzca en himno, único final para un nuevo viaje.

La luz de ese viaje posterior logra iluminar el camino en curso e incluso revelar el punto de partida, la estación de la primera vez, de la primera salida, que queda siempre impresa, indeleble, fuerte. Un pasado que sería capaz de seducir al corazón con la nostalgia, con la tentación de «mirar hacia atrás», con el miedo de avanzar y no llegar nunca a puerto, la libertad y la alegría de una tierra prometida; la duda de que ese lugar ni siquiera exista, de que sea una ilusión, un engaño, de que oculte una farsa. Pero aquí está el recurso de las palabras del salmista que canta, en cambio, castamente, con voz pura, suspendida, *sin* fianzas, la realización del sueño, el resultado luminoso de ese camino, la esperanza con la que se escribirá la fe. Orar con los Salmos se convierte entonces, para el cristiano, en arriesgar en su vida, en cada pliegue oculto de la experiencia del alma, en cada enigma de los días, el canto de la fe que ve las «grandes cosas» que Dios prepara:

Cuando el Señor hizo volver a los cautivos de Sion,
nos parecía soñar:
la boca se nos llenaba de risas,
la lengua de cantares.
Hasta los gentiles decían:
«El Señor ha estado grande con ellos».
El Señor ha estado grande con nosotros,
y estamos alegres.

Recoge, Señor, a nuestros cautivos
como los torrentes del Negueb.
Los que sembraban con lágrimas
cosechan entre cantares.
Al ir, iba llorando,
llevando la semilla;
al volver, vuelve cantando,
trayendo sus gavillas (Sal 126).

«Espera en el Señor, sé valiente»

En la noche más oscura la fe del salmista araña la
piel de Dios hasta que, de su costado, brote sangre
y agua, un viático de esperanza:

Señor, escucha mi oración,
que mi grito llegue hasta ti;
no me escondas tu rostro
el día de la desgracia.
Inclina tu oído hacia mí;
cuando te invoco,
escúchame enseguida.
Que mis días se desvanecen como humo,
mis huesos queman como brasas;
mi corazón está agostado como hierba,
me olvido de comer mi pan;
con la violencia de mis quejidos,
se me pega la piel a los huesos.

Estoy como lechuza en la estepa,
como búho entre ruinas;
estoy desvelado, gimiendo,
como pájaro sin pareja en el tejado.
Mis enemigos me insultan sin descanso;
furiosos contra mí, me maldicen.
En vez de pan, como ceniza,
mezclo mi bebida con llanto,
mis días son una sombra que se alarga,
me voy secando como la hierba.
Tú, en cambio, permaneces para siempre,
y tu nombre de generación en generación.
Levántate y ten misericordia de Sion,
que ya es hora y tiempo de misericordia.
Que el Señor ha mirado desde su excelso santuario,
desde el cielo se ha fijado en la tierra,
para escuchar los gemidos de los cautivos
y librar a los condenados a muerte.
Los hijos de tus siervos vivirán seguros,
su linaje durará en tu presencia
(Sal 102,2-10.12-14.20-21.29).

Agotado por el cansancio de la oración, agotado por el sudor que exige la esperanza, el orante finalmente se entrega en los brazos de Dios y comprende cómo todo, la vida misma, tiene su transparencia, su aspecto misterioso y sagrado, y lo que aflora es solo el signo de lo sumergido:

Solo en Dios descansa mi alma,
porque de Él viene mi salvación;
solo Él es mi roca y mi salvación,
mi alcázar: no vacilaré.
Descansa solo en Dios, alma mía,
porque Él es mi esperanza;
solo Él es mi roca y mi salvación,
mi alcázar: no vacilaré.
De Dios viene mi salvación y mi gloria,
Él es mi roca firme, Dios es mi refugio.
Pueblo suyo, confiad en Él,
desahogad ante Él vuestro corazón:
Dios es nuestro refugio.
Los hijos de Adán no son más que un soplo,
todos los hombres, una apariencia
todos juntos en la balanza subirían
más leves que un soplo.
No confiéis en la opresión,
no pongáis ilusiones en el robo;
y aunque crezcan vuestras riquezas,
no les deis el corazón.
Dios ha dicho una cosa,
y he escuchado dos:
«Que Dios tiene el poder
y el Señor tiene la gracia;
que tú pagas a cada uno
según sus obras» (Sal 62,2-3.6-13).

5
El rostro de los orantes

Un hombre es su propio rostro reflejado en un pozo,
y el rostro que emerge del reflejo tremulante y
encrespado en la superficie del agua
es el rostro de otro, a quien aún no conoce
(Gian Marco Griffi).

El cuerpo de Jesús es el nuevo templo

«Sed constantes en orar», esta es la recomendación que hace Pablo en su Primera carta a los cristianos de Tesalónica, texto considerado, por otra parte, el primer documento de los escritos canónicos del Nuevo Testamento (1 Tes 5,17). Pero ¿qué entendía el Apóstol por *orar?*, ¿con qué palabras se oraba?, ¿cuál era el objeto de la oración cristiana? O mejor dicho: ¿había un motivo, un propósito concreto por el cual el cristiano se dirigía a Dios? ¿Era este propósito el mismo que el de los salmistas? Ya hemos dicho que gran parte de la oración de súplica –y a menudo también la de alabanza– en los Salmos está impulsada por la relación con los enemigos que Dios derrotará para que ya no tengan poder sobre el orante. Un motivo que difícilmente podría situarse en primer plano en la oración de los cristianos. Intentemos, entonces, contextualizar la invitación de Pablo a los tesalonicenses para intentar comprender:

> En lo referente al tiempo y a las circunstancias no necesitáis que os escriba, pues vosotros sabéis perfectamente que el Día del Señor llegará como un ladrón en la noche. Cuando estén diciendo: «paz y seguridad», entonces, de improviso, les sobrevendrá la ruina, como los dolores de parto a la que está encinta, y no podrán escapar. Pero vosotros, hermanos, no vivís en tinieblas, de forma que ese día os sorprenda como un ladrón; porque todos sois hijos de la luz e hijos del día; no somos de la noche ni de las tinieblas. Así, pues, no nos entreguemos al sueño como los demás, sino estemos en vela y vivamos sobriamente (1Tes 5,1-6).

El contexto de la exhortación a ser constantes en orar es escatológico: los cristianos están preparados para afrontar el «día del Señor». Un día esperado y temido en el que los profetas proyectaban el advenimiento directo y dramático de Dios en defensa de los justos y los fieles de su pueblo y en detrimento de los malvados y apóstatas. Es famoso el texto de Amós:

¡Ay de los que ansían el Día del Señor!
¿De qué os servirá el Día del Señor?
¡Será tinieblas, y no luz!
Será como cuando un hombre huye de un león
y se topa con un oso,
o entra en casa, apoya su mano en la pared
y le muerde una serpiente.
¿No es el Día del Señor tinieblas y no luz,
densa oscuridad sin resplandor alguno? (Am 5,18-20).

En la carta anterior, es inminente la percepción de la venida del «Día del Señor», el de la parusía, en el que el Señor vendrá para cumplir la salvación para quienes han creído en Él. Esos se encuentran en condiciones diferentes a las de los que no han creído, ya que «en cambio nosotros, que somos del día, vivamos sobriamente, revestidos con la coraza de la fe y del amor, y teniendo como casco la esperanza de la salvación. Porque Dios no nos ha destinado al castigo, sino a obtener la salvación por medio de nuestro Señor Jesucristo, que murió por nosotros para que, despiertos o dormidos, vivamos con Él. Por eso, animaos mutuamente y edificaos unos a otros, como ya lo hacéis» (1 Tes 5,8-11).

Es un estilo de vida típicamente cristiano, en el que se comparten los frutos anticipados de la salvación, en el amor fraterno, en la caridad que se expresa en gestos de oración y en actos de acción de gracias: «Os rogamos, hermanos, que apreciéis el esfuerzo de los que trabajan entre vosotros cuidando de vosotros por el Señor y amonestándoos. Mostradles toda estima y amor por su trabajo. Mantened la paz entre vosotros. Os exhortamos, hermanos, a que amonestéis a los indisciplinados, animéis a los apocados, sostengáis a los débiles y seáis pacientes con todos. Mirad que nadie devuelva a otro mal por mal; esmeraos siempre en haceros el bien unos a otros y a todos. Estad siempre alegres. Sed constantes en orar. Dad gracias en toda ocasión: esta es la voluntad de Dios en Cristo Jesús respecto de vosotros» (1 Tes 5,12-18).

La oración aparece como la postura del corazón en la vida de comunión de las asambleas cristianas. Las recomendaciones sobre el amor fraternal responden a las invocaciones de los salmistas –dar apoyo a los débiles, confortar a los desanimados–, pero van también más allá, dando cumplimiento a aquel amor que se exigía solo hacia los justos: «Mirad que nadie devuelva a otro mal por mal; esmeraos siempre en haceros el bien unos a otros y a todos». En el corazón del orante cristiano no existe la rabia, ni el odio, ni el deseo de venganza, ni humillación por el mal recibido; el corazón del cristiano es libre, pleno, feliz, humilde y lleno de ese *agápe* que sigue estando presente por encima de todo y que está entretejido de Espíritu: «No apaguéis el espíritu, no despreciéis las profecías. Examinadlo todo; quedaos con lo bueno. Guardaos de toda clase de mal» (1 Tes 5,15.19-22).

La oración de los cristianos es una mesa de paz servida por el Resucitado, de la que todos beben como de un beso santo: «Que el mismo Dios de la paz os santifique totalmente, y que todo vuestro espíritu, alma y cuerpo, se mantenga sin reproche hasta la venida de nuestro Señor Jesucristo. El que os llama es fiel, y él lo realizará» (1 Tes 5,23-24). Ya no hay una oración en contra, sino que destaca indiscutiblemente una oración a favor: «Hermanos, orad también por nosotros. Saludad a todos los hermanos con el beso santo. Os conjuro por el Señor a que leáis esta carta a todos los hermanos. La gracia de nuestro Señor Jesucristo esté con vosotros» (1 Tes 5,25-28).

La invitación a ser constantes en la oración deja claro que ya no existe un lugar determinado para hacerlo, sino que cualquier lugar y cualquier ocasión pueden ser un santuario de oración: «Siempre en oración y súplica, orad en toda ocasión en el Espíritu, velando juntos con constancia, y suplicando por todos los santos» (Ef 6,18). En la Iglesia no existe ningún templo donde poder ir a rendir culto, como ocurre en los Salmos, donde los judíos se sienten protegidos y con la garantía de la respuesta de Dios a sus oraciones: «No os creáis seguros con palabras engañosas, repitiendo: "Es el Templo del Señor, el Templo del Señor, el Templo del Señor". Y después entráis a presentaros ante mí en este Templo, dedicado a mi nombre, y os decís: "Estamos salvos"» (Jer 7,4.10).

Al principio también los cristianos oraban en el Templo, pero cuando el Templo fue destruido se reunieron en las casas, en un lugar laico, en salones que pudieran albergar una cena; esto es lo que cuenta Lucas en el libro de los Hechos: «Todos los creyentes estaban juntos y tenían todo en común; vendían sus propiedades y bienes y las compartían con todos, según la necesidad de cada uno. Todos los días perseveraban juntos en el Templo y, partiendo el pan en las casas, comían con alegría y sencillez de corazón, alabando a Dios y gozando del favor de todo el pueblo. Mientras tanto, el Señor cada día añadía a la comunidad los que se salvaban» (He 2,44-47). Con el Templo destruido, el *agápe* fraterno, la unión en el Espíritu, es el lugar de la alabanza. Jesús se lo explica a la samaritana: «Créeme, mujer: se acerca la hora en que ni en este monte ni en Jerusalén adoraréis al Padre. Vosotros adoráis a uno que no conocéis; nosotros adoramos a uno que conocemos, porque la salvación viene de los judíos. Pero se acerca la hora, ya está aquí, en que los verdaderos adoradores adorarán al Padre en espíritu y verdad» (Jn 4,21-24). Lamentablemente, el Templo de Jerusalén se había convertido en una «cueva de bandidos» (Lc 19,46). Por este motivo debía ser destruido y... ¡resurgir a los tres días! Pero entonces era *otro* templo, el de su cuerpo (cf. Jn 2,18-21). Para los cristianos ya no hay un templo hecho de muros sino un cuerpo hecho de abrazos. Que nunca podrá convertirse en un ídolo, no podrá ser adorado sino solo amado. Por lo demás, cuando un escriba le dijo a Jesús, en un arrebato de entusiasmo: «Maestro, te seguiré adonde vayas», él le respondió: «Las zorras tienen madrigueras y los pájaros nidos, pero el Hijo del hombre no tiene dónde reclinar la cabeza» (Mt 8,19-20). Si el cuerpo de Jesús es el nuevo templo, quien permanezca en él será templo en su propio cuerpo: «¿Acaso no sabéis que vuestro cuerpo es templo del Espíritu Santo, que habita en vosotros y habéis recibido de Dios? Y no os pertenecéis, pues habéis sido comprados a buen precio. Por tanto, ¡glorificad a Dios con vuestro cuerpo!» (1Cor 6,19-20).

En este nuevo templo la oración es una perenne liturgia de amor, un tiempo de conversión y de gracia, de viaje en la historia en un sínodo animado por el Espíritu.

Jesús, ¿el justo?

¿Oraba Jesús con los Salmos? Sin duda. Hay dos salmos expresamente citados por él (Sal 22 y 31), pero hay muchos Salmos que citan proféticamente a Jesús, en la lectura cristiana que se ha hecho de ellos. «La gran tradición cristiana ha insistido más, profundizando el sentido tipológico, en Jesús como quien también llevó a cumplimiento los Salmos», dice acertadamente Ludwig Monti en su rico comentario al Salterio (*I Salmi: preghiera e vita*, Qiqajon, Magnano 2018, 34). En la figura del «ungido del Señor» mencionada en el salmo 20, está prefigurado Jesús como el Mesías:

> Ahora reconozco que el Señor
> da la victoria a su Ungido,
> que lo ha escuchado desde su santo cielo,
> con los prodigios de su mano victoriosa (Sal 20,7).

Así, se cita el salmo 45 en Heb 1,8-9, aplicado a Cristo como Mesías de Israel: «Tu trono, oh Dios, permanece para siempre, cetro de rectitud es tu cetro real; has amado la justicia y odiado la impiedad; por eso Dios, tu Dios, te ha ungido con aceite de júbilo entre todos tus compañeros» (Sal 45,7-8). Jesús es el *justo* por excelencia, cuya figura aparece resplandeciente en muchos salmos (cf. Sal 16; 22; 35; 40; 68; 69; 97; 102; 118; 119). Pero muchos pasajes de los Salmos parecen estar en contradicción con el comportamiento de Jesús, especialmente aquellos que se refieren a la Ley y son recitados por quienes pretenden tener el mérito de ser piadosos observantes.

«La Ley –dirá el mismísimo Pablo– es santa, y el precepto santo, justo y bueno» (Rom 7,12); pero no puede dar la justificación, es decir, la salvación. Jesús, en efecto, ha venido a completar la Ley, es decir, a perfeccionarla. «Habéis oído que se dijo a los antiguos: "No matarás" (Éx 20,13; Dt 5,17); y el que mate será reo de juicio. Pero yo os digo: todo el que se deja llevar de la cólera contra su hermano, será procesado» (Mt 5,21-22), un texto ejemplar para comprender la relación entre Jesús y la Ley. Esta debe seguir siendo como el sábado para el hombre y no al revés (cf. Mc 2,27); debe ser, por tanto, un camino de vida y no un instrumento de condenación.

> Dichoso el que, con vida intachable,
> camina en la Ley del Señor;
> dichoso el que, guardando sus preceptos,
> lo busca de todo corazón;
> el que, sin cometer iniquidad,
> anda por sus senderos (Sal 119,1-3).

Jesús otorga las bienaventuranzas a los pobres de espíritu, a los mansos, a los que lloran, en vez de dárselas a los que observan la Ley. Jesús se propone a sí mismo como «Camino», en lugar de como Ley (cf. Jn 14,6). Pero, sobre todo, Jesús viola constantemente la Ley oral, fruto de las interpretaciones que escribas, fariseos y doctores introducían arbitrariamente –según Jesús– en la escrita:

> Muéstrame, Señor, el camino de tus decretos,
> y lo seguiré puntualmente;
> enséñame a cumplir tu Ley
> y a guardarla de todo corazón;
> guíame por la senda de tus mandatos,
> porque ella es mi gozo (Sal 119,33-35).

Es difícil imaginar palabras como estas en la mente de Jesús. Jesús es un rebelde, un desobediente de los decretos de la Ley, incluso en lo que concierne a las diez Palabras: se permite reprender y ser violento con los puestos de los mercaderes del Templo que, con su servicio de cambistas, hacían posible que los judíos piadosos que llegaban a Jerusalén pudieran comprar el animal para el sacrificio (cf. Mc 11,15-17 y paralelos; Jn 2,14-16). ¿Cómo habrían podido, de lo contrario, «santificar la fiesta»?

Jesús no honra a su familia de sangre, al contrario: «¿Quiénes son mi madre y mis hermanos?», objeta a sus discípulos respecto a su madre y a los familiares que lo buscan, porque «el que cumple la voluntad de Dios, ese es mi hermano, y mi hermana y mi madre» (Mc 3,33.35); Jesús no respeta la Ley del descanso del sábado, al contrario: cura a los enfermos, incluso a los que están dentro de las sinagogas, en sábado (cf. Lc 13,10ss.). Sus discípulos arrancan espigas en sábado (cf. Mc 2,23-28 y paralelos).

> Tus decretos eran mi canción
> en tierra extranjera.
> De noche pronuncio tu nombre,
> Señor, y, velando, tu Ley;
> esto es lo que a mí me toca:
> guardar tus decretos (Sal 119,54-56).

No parece que Jesús sea precisamente un guardián de los preceptos, cuando deja que una prostituta le cubra de besos los pies (cf. Lc 7,38); ni cuando considera más piadoso a un samaritano que a un sacerdote del Templo (cf. Lc 10,31); ni cuando no aplica la condena de la Ley a la mujer adúltera (cf. Jn 8,11), ni al ciego de nacimiento (cf. Jn 9,3); llega incluso a decir a una multitud de judíos observantes: «En verdad, en verdad os digo: si no coméis la carne del Hijo del hombre y no bebéis su sangre, no tenéis vida en vosotros» (Jn 6,53), invitándolos a violar una ley fundamental, la establecida con la alianza de Noé, que imponía rigurosamente la dieta ortodoxa: «Todo lo que vive y se mueve os servirá de alimento, os lo entrego todo, lo mismo que los vegetales. Pero no comáis carne con sangre, que es su vida. Pediré cuentas de vuestra sangre, que es vuestra vida; se las pediré a cualquier animal. Y al hombre le pediré cuentas de la vida de su hermano» (Gén 9,3-5).

Los evangelios hablan de una continua violación de los preceptos de la Ley por parte de Jesús, especialmente en la forma en que eran interpretados y «cargados» por los hipócritas en los hombros a la gente (cf. Mt 23,4). Pero lo que vibra en el corazón de la Ley, tal como Dios la «escribió» y la dio a través del profeta Moisés con la Torá, es esa enseñanza, esa preciosa discriminación por la que Dios ha puesto en manos de los humanos la posibilidad de hacer el bien y rechazar el mal (cf. Dt 30,15). La profunda sabiduría de la Ley está incluso cristalizada en Jesús, el Hijo de Dios que viene a reiterar: «No hay nadie bueno más que solo Dios» (Mc 10,18), revelando el corazón de toda la Ley que confiesa: «Tú eres bueno y haces el bien» (Sal 119,68).

Jesús, el orante

El grito de lamento y súplica de los Salmos resuena, en cambio, en la vida terrena de Jesús, especialmente en los momentos cruciales de su Pasión:

A ti, Señor, llamé, supliqué a mi Dios:
¿Qué ganas con mi muerte,
con que yo baje a la fosa?

¿Te va a dar gracias el polvo,
o va a proclamar tu lealtad? (Sal 30,9-10).

Es posible imaginar que estas fueron las palabras de Jesús en Getsemaní mientras tragaba lágrimas de turbación, tristeza y soledad. Buscaba consuelo en la oración:

El Señor es mi luz y mi salvación,
¿a quién temeré?
El Señor es la defensa de mi vida,
¿quién me hará temblar?
Cuando me asaltan los malvados
para devorar mi carne,
ellos, enemigos y adversarios,
tropiezan y caen.
Si un ejército acampa contra mí,
mi corazón no tiembla;
si me declaran la guerra,
me siento tranquilo (Sal 27,1-3).

Importunaba a Dios diciéndole: «A ti, Señor, te invoco; Roca mía, no seas sordo a mi voz; que, si no me escuchas, seré igual que los que bajan a la fosa» (Sal 28,1). Invitaba a los suyos a orar con él: «Salió y se encaminó, como de costumbre, al monte de los Olivos y lo siguieron los discípulos. Al llegar al sitio, les dijo: "Orad para no caer en tentación"»

(Lc 22,39-40). Pero, ¿qué quería decir Jesús con *tentación*? ¿Cuál era el propósito de su oración? «Y se apartó de ellos como a un tiro de piedra y, arrodillado, oraba diciendo: "Padre, si quieres, aparta de mí este cáliz; pero que no se haga mi voluntad, sino la tuya"» (Lc 22,41-42). ¿Acaso la tentación para Jesús consistía precisamente en pedir a Dios: «aparta de mí este cáliz», lo que lo habría llevado a evitar el misterio de la cruz, interrumpiendo ese camino de encarnación para la salvación de la carne que había emprendido desde el seno de María? ¿Era tal vez la tentación de Jesús seguir creyendo lo que había repetido mil veces con los salmos?:

Los ojos del Señor miran a los justos,
sus oídos escuchan sus gritos;
pero el Señor se enfrenta con los malhechores,
para borrar de la tierra su memoria.
Cuando uno grita, el Señor lo escucha
y lo libra de sus angustias;
el Señor está cerca de los atribulados,
salva a los abatidos.
Aunque el justo sufra muchos males,
de todos lo libra el Señor;
Él cuida de todos sus huesos,
y ni uno solo se quebrará.
La maldad da muerte al malvado,
los que odian al justo serán castigados.

El Señor redime a sus siervos,
no será castigado quien se acoge a Él (Sal 34,16-23).

En la noche de vela en Getsemaní, Jesús escribe nuevas estrofas en el Salterio, añade otros versículos, nuevos retoños como gotas que brotan del sudor de sangre: «Y se le apareció un ángel del cielo que lo confortaba. En medio de su angustia, oraba con más intensidad. Y le entró un sudor que caía hasta el suelo como si fueran gotas espesas de sangre» (Lc 22,43-44). Mientras tanto el ángel susurraba las palabras del salmo:

Yo consulté al Señor, y me respondió,
me libró de todas mis ansias.
Contempladlo, y quedaréis radiantes,
vuestro rostro no se avergonzará.
El afligido invocó al Señor,
Él lo escuchó y lo salvó de sus angustias
(Sal 34,5-7).

Esa escucha de Dios no llegaba, y no solo eso: su presencia, su voluntad se presentaba como un naufragio en el silencio. «Y levantándose de la oración, fue hacia sus discípulos, y los encontró dormidos por la tristeza, y les dijo: "¿Por qué dormís? Levantaos y orad, para no caer en tentación"» (Lc 22,45-46). ¡Pero Jesús resiste! La oración en la que vive su lucha no lo aniquila con su resultado del silencio abismal de Dios, no logra derrocar al hijo del hombre; lo que parece una derrota, el resultado decepcionante de la súplica, no hace que Jesús cambie de opinión sobre todo lo que ha creído hasta ahora. No suscita dudas sobre el Padre a pesar de que sea una inmensa distancia. En vez de deducir que el lamento no sirve para nada, que su agotamiento ha sido una pérdida de tiempo en la vela nocturna así como el de tantos orantes dispersos en el Salterio (y velando medito en ti... y a la sombra de tus alas canto con júbilo), Jesús, este pequeño Hombre, «se levanta» con la fuerza de la criatura que también pasa por la extrema aflicción de su impotencia. ¡Jesús sigue creyendo, incluso después del tiempo que el Salterio le da a Dios! Y que pone a disposición de los mortales. Él pide todavía a los suyos que se levanten y oren para no caer en tentación. Pensar que hay que tirar el Salterio, pues de nada sirve la oración que no da fruto. Absurda es la fe que engaña. Que insiste ante un Dios que no salva. Es la tentación de Cesco en el funeral de su amigo Firmino, asesinado por los nazis:

Cuando empiezan a orar me voy. ¿Por qué hemos orado en estos años? ¿Por qué nos hemos arrodillado, por qué nos hemos confesado, por qué hemos ayunado? ¿Por qué hemos orado en estos años? Precisamente para que no sucediese esto. Oramos para que la Virgen nos librara de vivir un momento así. Y entonces, ¿para qué sirve seguir orando? (G. M. Griffi, *Ferrovie del Messico*, Laurana, Milán 2022, 671).

Dejar de orar es la tentación que viene del verdadero, del único, Satanás, pues, al fin y al cabo, significa dejar de luchar desde la fe cuando todo está en ruinas; dejar de cavar agujeros de luz en el manto de la oscuridad. Deja de luchar en el tormento en el que se encuentra el salmista:

Alzo mi voz a Dios gritando,
alzo mi voz a Dios para que me oiga.
«¿Es que el Señor nos rechaza para siempre
y ya no volverá a favorecernos?
¿Se ha agotado ya su misericordia,
se ha terminado para siempre su promesa?
¿Es que Dios se ha olvidado de su bondad,
o la cólera cierra sus entrañas?».
Mi voz hacia Dios: ¡clamo por ayuda! (Sal 77,2.8-10).

«Simón, Simón, mira que Satanás os ha reclamado para cribaros como trigo. Pero yo he pedido por ti para que tu fe no se apague. Y tú, cuando te hayas convertido, confirma a tus hermanos» (Lc 22,31-32). Jesús pone su oración en lugar de la fallida de los apóstoles, empezando por Pedro. Esta es otra gran novedad en comparación con la oración del Salterio: allí es el pobre quien ora y cuenta solo con la constancia de su oración; aquí, en la comunidad cristiana, hay un hermano, un Amigo, un hijo que ora por nosotros, junto con nosotros, en nuestro lugar. La oración rompe la soledad que padece el ser humano. Se revela que rezar no es cuestión de hacer preguntas y recibir una respuesta, sino que es la entrada a un grito, el grito del Espíritu que anhela la vida en toda la creación:

> Porque sabemos que hasta hoy toda la creación está gimiendo y sufre dolores de parto. Y no solo eso, sino que también nosotros, que poseemos las primicias del Espíritu, gemimos en nuestro interior, aguardando la adopción filial, la redención de nuestro cuerpo. Pues hemos sido salvados en esperanza. Y una esperanza que se ve, no es esperanza; efectivamente, ¿cómo va a esperar uno algo que ve? Pero si esperamos lo que no vemos, aguardamos con perseverancia. Del mismo modo, el Espíritu acude en ayuda de nuestra debilidad, pues nosotros no sabemos pedir como conviene; pero el Espíritu mismo intercede por nosotros con gemidos inefables. Y el que escruta los corazones sabe cuál es el deseo del Espíritu, y que su intercesión por los santos es según Dios. Por otra parte, sabemos que a los que aman a Dios todo les sirve para el bien; a los cuales ha llamado conforme a su designio (Rom 8,22-27).

Orar, entonces, significa aprender a esperar:

Singular virtud de la esperanza, misterio singular.
Esta no es una virtud como las otras,
es una virtud contra las otras.
A todas las otras las toma desprevenidas.
Se apoya, por así decirlo, en las otras, en todas las otras.
Y les hace frente,
a todas las virtudes,
a todos los misterios.
Las supera por así decirlo, va contracorriente.
Remonta la corriente de las otras.
No es una esclava, esta niña es irreductible.
Ella replica, por así decir, a sus hermanas,
a todas las virtudes, a todos los misterios.
Cuando ellos bajan ella sube
(está muy bien hecho).
Cuando todo baja, solo ella vuelve a subir y así las duplica,
las multiplica por diez, las expande hasta el infinito.
Aterradora libertad del hombre...
Es ella, esa pequeña, la que todo lo arrastra
porque la fe no ve más que lo que es
y ella ve lo que será.
La Caridad no ama más que lo que es
y ella ama lo que será.
Dios nos ha hecho esperanza
(C. Péguy, *El pórtico del misterio de la segunda virtud*).

«Se entregó por nosotros»

Hay también una cierta diferencia entre las palabras del salmista y el comportamiento de Jesús en las últimas horas de su vida, cuando también él experimenta la humillación y la derrota. El salmista pide a Dios que no lo ponga en manos de sus adversarios: «No me entregues a la saña de mi adversario, porque se levantan contra mí testigos falsos, que respiran violencia» (Sal 27,12); mientras que Jesús no ofrece ninguna resistencia a que Judas lo entregue a las autoridades judías para que lo condenen a muerte. Más aún, la Carta a los efesios dice: «se entregó por nosotros» (Ef 5,2). No es posible pensar que de su boca brotaran palabras como las del salmo 35:

Pelea, Señor, contra los que me atacan,
guerra contra los que me hacen guerra;
empuña el escudo y la adarga,
levántate y ven en mi auxilio;
blande la lanza y la pica contra mis perseguidores;
di a mi alma: «Yo soy tu salvación».
Sean confundidos y avergonzados
los que atentan contra mi vida;
retrocedan y sean humillados
quienes traman mi derrota;
sean como tamo al viento,
acosados por el ángel del Señor;

> sea su camino oscuro y resbaladizo,
> perseguidos por el ángel del Señor.
> Pues sin motivo me escondían redes,
> sin motivo me abrían zanjas mortales (Sal 35,1-7).

A pesar de que su suerte fuera idéntica a la del salmista y a la del Siervo del Señor, Isaías dice que «era como un cordero llevado al matadero», pues, como este, también Jesús, «maltratado, se dejó humillar y no abrió la boca» (Is 53,7), no utilizó ninguna defensa contra las falsas acusaciones que se le hacían, no reaccionó contra sus asesinos. A diferencia del salmista que, en cambio, impreca tenazmente:

> ¡Que les sorprenda el desastre imprevisto,
> que se enreden en la red que escondieron,
> y caigan dentro de la fosa!
> Sean avergonzados y confundidos a una
> los que se alegran de mi desgracia,
> cúbranse de vergüenza y de ignominia
> quienes se engríen a mi costa (Sal 35,8.26).

La mirada de Jesús está tejida de mansedumbre, desprovista del más mínimo atisbo de ira, violencia u odio contra sus adversarios. Ante el Sanedrín, «Jesús callaba» (Mt 26,63); ante Pilato, «como no contestaba a ninguna pregunta, el gobernador estaba muy extrañado» (Mt 27,14); ante quienes lo crucifican, eleva, como víctima, a Dios esta oración por sus verdugos: «Padre, perdónalos, porque no saben lo que hacen» (Lc 23,34). Y ni siquiera hacia los suyos que lo habían traicionado o negado, hay en Jesús signo alguno de defensa o venganza; al contrario, así se dirige a Judas que viene a ponerlo en manos de sus enemigos: «Amigo, ¿a qué vienes?» (Mt 26,50), compartiendo la suerte del salmista que denuncia: «Incluso mi amigo, de quien yo me fiaba, que compartía mi pan, es el primero en traicionarme» (Sal 41,10). Y a Pedro, que lo negará tres veces, le confirma de antemano su inquebrantable confianza (cf. Lc 22,31-32). Después de la resurrección, en lugar de castigar a los once por haberlo dejado solo y haber desaparecido de escena en su Pasión y muerte, Jesús se les aparece con extrema humildad, se deja tocar, come con ellos, se les aparece durante cuarenta días. Su misericordia llena cada parte de su persona mientras formula una auténtica oración de súplica hacia Simón, aquel hijo de Juan, que incluso había dicho no conocerlo en absoluto: «Simón, ¿me amas más que estos? [...] Simón, ¿me amas? [...] Simón, ¿me quieres?» (Jn 21,15-17). Una oración con la que Jesús, negado por Pedro, confía a su «enemigo» el rebaño de los creyentes, los pequeños que creen en él, concretamente la Iglesia de todos los tiempos.

Con el salmo 22, Jesús vuelve, sin embargo, a ser la voz del salmista. Lo escuchamos, explícitamente,

de Jesús que –¡en voz alta!– recita un versículo
cuando se encuentra alzado en la cruz:

Dios mío, Dios mío,
¿por qué me has abandonado?
A pesar de mis gritos,
mi oración no te alcanza.
Dios mío, de día te grito,
y no respondes;
de noche, y no me haces caso.
Porque tú eres el Santo
y habitas entre las alabanzas de Israel.
En ti confiaban nuestros padres;
confiaban, y los ponías a salvo;
a ti gritaban, y quedaban libres;
en ti confiaban, y no los defraudaste.
Pero yo soy un gusano, no un hombre,
vergüenza de la gente, desprecio del pueblo;
al verme, se burlan de mí,
hacen visajes, menean la cabeza:
«Acudió al Señor, que lo ponga a salvo;
que lo libre si tanto lo quiere».
Tú eres quien me sacó del vientre,
me tenías confiado en los pechos de mi madre;
desde el seno pasé a tus manos,
desde el vientre materno tú eres mi Dios
(Sal 22,2-11).

No hay ningún privilegio para el Hijo de Dios, ningún trato especial respecto a cualquier hijo del hombre. Extremadamente verosímiles suenan las palabras de cualquier desgraciado condenado a la muerte de cruz. Un suplicio que los romanos reservaban para los más infames criminales o para los esclavos, que no eran considerados completamente seres humanos, sino más bien «cosas», objetos para el uso de sus dueños:

> No te quedes lejos,
> que el peligro está cerca
> y nadie me socorre.
> Me acorrala un tropel de novillos,
> me cercan toros de Basán;
> abren contra mí las fauces
> leones que descuartizan y rugen.
> Estoy como agua derramada,
> tengo los huesos descoyuntados;
> mi corazón, como cera,
> se derrite en mis entrañas;
> mi garganta está seca como una teja,
> la lengua se me pega al paladar;
> me aprietas contra el polvo de la muerte.
> Me acorrala una jauría de mastines,
> me cerca una banda de malhechores;
> me taladran las manos y los pies,
> puedo contar mis huesos.

Ellos me miran triunfantes,
se reparten mi ropa,
echan a suerte mi túnica.
Pero tú, Señor, no te quedes lejos;
fuerza mía, ven corriendo a ayudarme.
Líbrame a mí de la espada,
y a mi única vida de la garra del mastín;
sálvame de las fauces del león;
a este pobre, de los cuernos del búfalo
(Sal 22,12-22).

De tanto lamento, donde se profetizan con detalle todos los actos de tortura y de muerte que sus enemigos han perpetrado contra él, comparables solo a los lamentos de Job o de Jeremías, solo un versículo brota de los labios de Jesús, como un clavo que el Hijo hunde en el abismo de un cielo padrastro: «¿Por qué me has abandonado?». Mientras que la primera parte del salmo 22 describe literalmente la Pasión y muerte de Jesús, la segunda anuncia la resurrección (cf. vv. 23-32). Esto puede relacionar con ella la segunda cita que Jesús hace de los Salmos, en la cruz, pues hace comprender el pasaje –que solo Lucas registra– como un acto de abandono final: «Padre, a tus manos encomiendo mi espíritu» (Lc 23,46).

A tus manos encomiendo mi espíritu:
tú, el Dios leal, me librarás (Sal 31,6).

La esperanza del salmista se cumplirá en el tercer día, cuando Jesús resucite. La Pascua del Señor es esa aurora del «día después del sábado», donde los salmistas encuentran descanso, refugio, revelación, redención, respuesta. Reinicio, renovación, regeneración. Verdad revelada, alegría plena.

Te ensalzaré, Señor, porque me has librado
y no has dejado que mis enemigos se rían de mí.
Señor, Dios mío, a ti grité,
y tú me sanaste.
Señor, sacaste mi vida del abismo,
me hiciste revivir cuando bajaba a la fosa
(Sal 30,2-4).

Lo que sucede con la muerte y resurrección del Señor justifica la antigua confianza y da razón de la nueva:

Encomienda tu camino al Señor,
confía en Él, y Él actuará:
hará tu justicia como el amanecer,
tu derecho como el mediodía.
Descansa en el Señor y espera en Él,
no te exasperes por el hombre que triunfa
empleando la intriga:
cohíbe la ira, reprime el coraje;
no te exasperes, no sea que obres mal;

porque los que obran mal son excluidos,
pero los que esperan en el Señor poseerán la tierra
(Sal 37,5-9).

Susurros y gritos

En el horizonte de la Pascua del Señor, el cristiano orará con los Salmos. ¿Quién estará más cerca de sus versos? ¿Quién será «sacerdote» en este templo construido de carne?

El oprimido que pide salvación:

«Por la opresión del humilde,
por el gemido del pobre,
yo me levantaré,
y pondré a salvo al despreciado».
Las palabras del Señor son palabras auténticas,
como plata limpia de ganga,
refinada siete veces.
Tú nos guardarás, Señor,
nos librarás para siempre de esa gente.
Los malvados merodean
mientras crece la corrupción entre los hombres
(Sal 12,6-9).

El inocente que sufre la injusticia:

Voy encorvado y encogido,
todo el día camino sombrío.
Tengo las espaldas ardiendo,
no hay parte ilesa en mi carne;
estoy agotado, deshecho del todo;
rujo con más fuerza que un león.
Señor mío, todas mis ansias están en tu presencia,
no se te ocultan mis gemidos;
siento palpitar mi corazón, me abandonan las fuerzas,
y me falta hasta la luz de los ojos.
No me abandones, Señor;
Dios mío, no te quedes lejos;
ven aprisa a socorrerme,
Señor mío, mi salvación (Sal 38,7-11.22-23).

El pecador arrepentido, cuyo pecado toma Jesús sobre sí mismo:

Misericordia, Dios mío, por tu bondad,
por tu inmensa compasión borra mi culpa;
lava del todo mi delito,
limpia mi pecado.
Pues yo reconozco mi culpa,
tengo siempre presente mi pecado.
Contra ti, contra ti solo pequé,
cometí la maldad en tu presencia.
En la sentencia tendrás razón,
en el juicio resultarás inocente.

Aparta de mi pecado tu vista,
borra en mí toda culpa.
Oh Dios, crea en mí un corazón puro,
renuévame por dentro con espíritu firme
(Sal 51,3-6.11-12).

El oprimido de todo tipo y de todas partes, el explotado, el migrante, el prisionero, el perseguido, traicionado y negado por amigos y enemigos:

Dios mío, escucha mi oración,
no te cierres a mi súplica;
hazme caso y respóndeme.
Me agitan mis ansiedades,
me turba la voz del enemigo,
los gritos del malvado.
Descargan sobre mí calamidades
y me atacan con furia.
Se agita mi corazón,
me sobrecoge un pavor mortal,
me asalta el temor y el terror,
me cubre el espanto.
Y pienso: «¡Quién me diera alas de paloma
para volar y posarme!
Emigraría lejos,
habitaría en el desierto.
esperaría en el que puede salvarme
del huracán y la tormenta».

¡Destrúyelos, Señor,
confunde sus lenguas!
Pues veo en la ciudad violencia y discordia:
día y noche hacen la ronda sobre sus murallas;
en su recinto, crimen e injusticia;
dentro de ella, calamidades;
no se apartan de su plaza
la crueldad y el engaño.
Si mi enemigo me injuriase,
lo aguantaría;
si mi adversario se alzase contra mí,
me escondería de él;
pero eres tú, mi compañero,
mi amigo y confidente,
a quien me unía una dulce intimidad:
juntos íbamos entre el bullicio por la casa de Dios.
¡Que los sorprenda la muerte,
desciendan vivos al abismo,
pues la maldad habita en ellos!
Pero yo invoco a Dios,
y el Señor me salva:
por la tarde, en la mañana, al mediodía,
me quejo gimiendo.
Dios escucha mi voz:
en paz rescata mi alma
de la guerra que me hacen,
porque son muchos contra mí.
Levantan la mano contra su aliado,

violando los pactos;
su boca es más blanda que la manteca,
pero desean la guerra;
sus palabras son más suaves que el aceite,
pero son puñales.
Encomienda a Dios tus afanes,
que Él te sustentará;
no permitirá jamás que el justo caiga.
Tú, Dios mío, los harás bajar a ellos
a la fosa profunda.
Los traidores y sanguinarios
no cumplirán ni la mitad de sus años.
Pero yo confío en ti, Señor
(Sal 55,2-19.21-24).

El pueblo de los marginados, los descartados, los rechazados:

Ahora, en cambio, nos rechazas y nos avergüenzas,
y ya no sales, Señor, con nuestras tropas:
nos haces retroceder ante el enemigo,
y nuestro adversario nos saquea.
Nos entregas como ovejas de matanza
y nos has dispersado por las naciones.
Vendes a tu pueblo por nada
y no te enriqueces con su precio.
Nos haces el escarnio de nuestros vecinos,
irrisión y burla de los que nos rodean;

nos has hecho el refrán de los gentiles,
nos hacen muecas las naciones.
Tengo siempre delante mi deshonra,
y la vergüenza me cubre la cara
al oír insultos e injurias,
al ver a mi rival y a mi enemigo (Sal 44,10-17).

El enfermo, el abandonado:

Dichoso el que cuida del pobre;
en el día aciago lo pondrá a salvo el Señor.
El Señor lo guarda y lo conserva en vida,
para que sea dichoso en la tierra,
y no lo entrega a la saña de sus enemigos.
El Señor lo sostendrá en el lecho del dolor,
calmará los dolores de su enfermedad.
Yo dije: «Señor, ten misericordia,
sáname, porque he pecado contra ti»
(Sal 41,2-5).

No habrá tristeza que no encuentre una manera de ser liberada, no habrá dolor que no encuentre consuelo, no habrá herida que no pueda esperar que sea curada, no habrá oscuridad que no sea sostenida por un fragmento de luz. Cada día tendrá calendario en los Salmos. Cada prueba encontrará compañía en la oración. Camino de fe, de esperanza, de amor, nadie podrá tener éxito sin la oración constante:

Al llegar al sitio, les dijo: «Orad, para no caer en tentación». Y se apartó de ellos como a un tiro de piedra y, arrodillado, oraba diciendo: «Padre, si quieres, aparta de mí este cáliz; pero que no se haga mi voluntad, sino la tuya». Y se le apareció un ángel del cielo, que lo confortaba. En medio de su angustia, oraba con más intensidad. Y le entró un sudor que caía hasta el suelo como si fueran gotas espesas de sangre. Y, levantándose de la oración, fue hacia sus discípulos, los encontró dormidos por la tristeza, y les dijo: «¿Por qué dormís? Levantaos y orad, para no caer en tentación» (Lc 22,40-46).

6
El mundo y lo humano
en la oración de los Salmos

Un anciano y un niño se dieron la mano.
y fueron juntos hacia la tarde...
Los viejos sufren las heridas de los años,
no saben distinguir la realidad de los sueños.
Los viejos no saben, en su forma de pensar,
distinguir en los sueños lo falso de lo verdadero
(Francisco Guccini).

Nacer de nuevo

En los Salmos se pueden leer nuevas y espléndidas visiones del mundo y de experiencias de humanidad. Son propuestas de fe, es decir, de la posibilidad de crear cosas nuevas, formas de libertad y de belleza que parecen imposibles en el ámbito terrenal. Están animados por las palabras y el espíritu de los sabios y de los profetas bíblicos que proyectaron ante quienes escuchaban realidades opuestas a las que enmarcaban su vida diaria. Cuando Joel decía:

«Vuestros hijos e hijas profetizarán, vuestros ancianos tendrán sueños y visiones» (Jl 3,1) invitaba a todos a creer que en un futuro próximo la materia de esos sueños y visiones se haría realidad. Los científicos dicen que los ancianos sueñan con cosas que ya han vivido, convencidos de que el pasado dorado que queda en sus mentes puede volver, regresar, repetirse. Los sueños de los que habla Joel, en cambio, se basan en un futuro inédito, alimentados –eso sí– por la memoria del pasado.

Así sucede con los Salmos. En los Salmos domina el presente que, sin embargo, no busca salida en el pasado, sino en el futuro. En los Salmos no se dice cómo vendrá el Señor a liberar a los justos de los malvados, sino que se anhela esa liberación y se proyecta esa certeza en un futuro que aún está por escribir. La certeza de un día decisivo, en el que se disiparán las sombras y cada pliegue de la vida se tensará en la transparencia de la luz absoluta, aparece sobre un fondo desconocido, con contornos aún por definir. Mientras son muy numerosos los versículos de la memoria en los que el salmista, para dar fuerza a la esperanza de hoy, narra y vuelve a narrar los *mirabilia* realizados por Dios en tiempos pasados –con Abrahán, con José, con Moisés, con todos los antepasados de Israel–, no se dice nada concreto sobre lo que sucederá en el futuro, cómo será la nueva tierra prometida. Sin embargo, se invita a alabar a Dios porque ya se refleja en el velo de las miradas de los ancianos y en las miradas límpidas de los niños. A su paso aparecen las huellas del futuro sobre las que orientar el corazón.

Esta modestia típica de los Salmos se encuentra perfectamente en los evangelios, cuando, a un hombre que quería seguirlo, diciendo: «Te seguiré, Señor. Pero déjame primero despedirme de los de mi casa», respondió Jesús: «Nadie que pone la mano en el arado y mira hacia atrás vale para el reino de Dios» (Lc 9,61-62). El reino de Dios está *delante,* no *detrás* del camino del cristiano. Tan grande es verdaderamente la fuerza del salmista al desear y creer con todo su corazón en el advenimiento del poder de Dios, que transformará radicalmente su situación actual, tal es la valentía del discípulo de Jesús que debe hacer recortes radicales en los vínculos más íntimos con el pasado: «Si alguno viene a mí y no pospone a su padre y a su madre, y a su mujer y a sus hijos, y a sus hermanos y a sus hermanas, e incluso a sí mismo, no puede ser discípulo mío» (Lc 14,26).

Jesús nos invita a romper con la nostalgia (literalmente: «el dolor del regreso»), empuja a tener nuevos sueños, a entrar en una forma de pensar, en una cultura diferente a la del pasado. Es firme su palabra sobre el pasado, representado por la familia como pertenencia humana, biológica, étnica:

«"Hijo, ¿por qué nos has tratado así? Tu padre y yo te buscábamos angustiados". Él les contestó: "¿Por qué me buscabais? ¿No sabíais que yo debía estar en las cosas de mi Padre?"» (Lc 2,48b-49). La perspectiva no es la de cuidar un antiguo jardín, sino la de construir una nueva ciudad (véase la relación entre el jardín del Edén al principio y la nueva Jerusalén del final en el Apocalipsis). Antes de crear una nueva civilización, es necesario imaginarla, soñarla, tener una visión de ella.

Y he aquí la preciosa e insustituible función de la oración: ver un mundo nuevo, cambiar poco a poco las coordenadas de la realidad en la que nacimos y crecimos, tener el coraje de la libertad que arroja en los brazos de una fe incluso... ¡en lo imposible! «No dejarás a tu fiel ver la corrupción» (cf. Sal 16,10): ¿qué hay más imposible que lo que se expresa en este versículo? ¿Qué es más subversivo, no solo para la razón o para el simple sentido común, sino también para lo que nosotros llamamos *leyes de la naturaleza?* La muerte estructura, de hecho, la vida humana, la experiencia del hombre, que no por nada es llamado *mortal.* Para pensar en la inmortalidad sería necesario –como cantaba Franco Battiato– saber que «nunca morimos porque nunca nacimos». Pero para los salmistas nosotros morimos ¡y por tanto nacimos! Pero para nacer y no para morir. Como en los versos de Pablo Neruda: «Nací para nacer, para cerrar el paso a lo que se acerca, a lo que late en mi pecho, como un nuevo corazón trepidante». En este nacer de nuevo, es decir, resucitar, uno se transforma precisamente en el morir, no pasando por alto, sino atravesando por el gemido de la carne. De los miembros crucificados. Son precisamente ellos el sello de lo imposible: «Creo en la resurrección de la carne y en la vida eterna», como se dice en el Credo, en el Símbolo apostólico.

La grandeza de lo humano

Así la oración del Salterio se mezcla y se disuelve en la de la fe cristiana, cambiando de color en un solo sueño que el arpa propaga y la palabra forma, y hace aparecer en geometrías divinas, en bocetos que desbordan sobre figuras abiertas y sobre fronteras rotas; uniones hechas solo de amor, sutiles y transparentes entre el *hic* y el más allá, entre el *nunc* y los años luz, entre el cuerpo material y el cuerpo espiritual que –como dice Pablo– es «espíritu vivificante» *(pneûma zoopoioûn*, 1Cor 15,45). El canto a lo humano que jamás otro humano tuvo fuerzas para cantar, y que, no por nada, permanece grabado en una placa de oro en la luna, llevado hasta allí por el primer hombre que puso el pie en ella.

¡Señor, Dios nuestro,
qué admirable es tu nombre en toda la tierra!
Ensalzaste tu majestad sobre los cielos.
Cuando contemplo el cielo, obra de tus dedos,
la luna y las estrellas que has creado.
¿Qué es el hombre para que te acuerdes de él,
el ser humano, para mirar por él?
Lo hiciste poco inferior a los ángeles,
lo coronaste de gloria y dignidad;
le diste el mando sobre las obras de tus manos.
Todo lo sometiste bajo sus pies.
Rebaños de ovejas y toros,
y hasta las bestias del campo,
las aves del cielo, los peces del mar
que trazan sendas por el mar.
¡Señor, Dios nuestro,
que admirable es tu nombre en toda la tierra!
(Sal 8,2.4-10).

En el marco de la grandeza de Dios, a cuya alabanza están dedicados la apertura y el final del salmo (vv. 2.10), se destaca –¡casi como la suya!– la grandeza del ser humano. Con la misma partícula exclamativa *¡qué!* (en hebreo, *mah*) con la que se aclama a Dios: «¡Qué admirable es tu nombre, Señor!», así se celebra lo humano: «¡Qué admirable es el hombre!» (v. 5). ¡Hasta el punto de que tú, el que hizo los cielos y creó la luna y las estrellas –Dios creador– te acuerdas del hombre, miras por él! ¡Casi como si el motivo de la alabanza a él reservada residiera en la obra admirable de haber hecho lo humano! El re-cordar a Dios (literalmente: «volver al corazón») es la razón por la que viene a salvar a su pueblo, como en el libro del Éxodo, donde Moisés le implora diciendo: «Acuérdate de tus siervos Abrahán, Isaac, e Israel...» (Éx 32,13), para convencerle de que perdone.

Lo humano es grande porque permanece ante Dios, porque es memoria de Dios, es objeto de sus cuidados, es el único ídolo ortodoxo, creado «a su imagen, a imagen de Dios» (Gén 1,27). Qué diferente lo hace de las demás criaturas del cielo, del mar y de la tierra que está llamado a salvaguardar –a acordarse de ellas, a mirar por ellas...– ante el Rostro del Creador, nunca disponiendo de ellas en soledad, caprichosamente. Hay un icono que explica de manera sublime el *adán* descrito en este salmo: la creación del hombre de Miguel Ángel, pintado en la Capilla Sixtina. La distancia que queda entre el dedo de Dios y el del hombre es la versión hebrea del v. 5: «Lo hiciste poco inferior a un dios», mientras que el griego diría: «poco inferior a los ángeles». ¡Casi como tú hiciste al ser humano, canta el salmo 8! Por eso Job lo cita con amarga ironía, al ver desmentida tal sublimidad en la miseria de su impotencia: «¿Qué es el hombre para que te ocupes tanto de él, para que pongas en él tu interés, para que le pases revista por la mañana y lo examines cada momento?» (Job 7,17-18). Y la Carta a los hebreos, por tanto, no puede menos que identificar al nuevo Adán con Jesús: «al que Dios había hecho un poco inferior a los ángeles fue hecho un poco menor que los ángeles, a Jesús, lo vemos ahora coronado de gloria y de honor por su Pasión y muerte. Pues, por la gracia de Dios gustó la muerte por todos» (Heb 2,9).

La grandeza del Creador

Si en el salmo 8 el rostro del orante ya no es solo el del judío que se refugia en el Templo de Jerusalén, sino el de toda criatura humana salida de las manos de Dios, en el salmo 104 ni siquiera Dios es solo el de los que suben a Sion, sino que es el Señor de toda alma que reconoce y celebra su esplendor cósmico:

> Bendice, alma mía, al Señor:
> ¡Dios mío, qué grande eres!
> Te vistes de belleza y majestad,
> la luz te envuelve como un manto.
> Extiendes los cielos como una tienda,
> construyes tu morada sobre las aguas;

las nubes te sirven de carroza,
avanzas en las alas del viento;
los vientos te sirven de mensajeros;
el fuego llameante, de ministro.
Asentaste la tierra sobre sus cimientos,
y no vacilará jamás;
la cubriste con el manto del océano,
y las aguas se posaron sobre las montañas;
pero a tu bramido huyeron,
al fragor de tu trueno se precipitaron,
mientras subían los montes y bajaban los valles:
cada cual al puesto asignado.
Trazaste una frontera que no traspasarán,
y no volverán a cubrir la tierra.
De los manantiales sacas los ríos,
para que fluyan entre los montes;
en ellos beben las fieras de los campos,
el asno salvaje apaga su sed;
junto a ellos habitan las aves del cielo,
y entre las frondas se oye su canto.
Desde tu morada riegas los montes,
y la tierra se sacia de tu acción fecunda
(Sal 104,1-13).

Dios habita la tierra junto con la humanidad, colabora para que su obra dé frutos, es un Enmanuel, un Dios con (todos) nosotros. Es un Dios trascendente pero no lejano, no un Dios abstracto sino amigo, no un Dios que puede estar en un ídolo sino un aliado libre, no un Dios que regatea sus favores, sino que regala alegría.

Haces brotar hierba para los ganados,
y forraje para los que sirven al hombre.
Él saca pan de los campos,
y vino que le alegra el corazón;
aceite que da brillo a su rostro,
y el pan que le da fuerzas (Sal 104,14-15).

El orante canta las alabanzas a Dios no solo en el Templo de Jerusalén, sino en todos los rincones de la tierra, porque la tierra y el cielo son la casa de Dios:

Se llenan de savia los árboles del Señor,
los cedros del Líbano que Él plantó:
allí anidan los pájaros,
en su cima pone casa la cigüeña.
Los riscos son para las cabras,
las peñas son madriguera de erizos.
Hiciste la luna con sus fases,
el sol conoce su ocaso.
Pones las tinieblas y viene la noche,
y rondan las fieras de la selva;
los cachorros del león rugen por la presa,
reclamando a Dios su comida.

Cuando brilla el sol, se retiran
y se tumban en sus guaridas;
el hombre sale a sus faenas,
a su labranza hasta el atardecer
(Sal 104,16-23).

Todo, cada criatura tiene su espacio en el mundo y todos juntos en una liturgia coral cantan la belleza de la vida que proviene del único Dios:

Cantaré al Señor,
tocaré para mi Dios mientras exista:
que le sea agradable mi poema,
y yo me alegraré con el Señor.
Que se acaben los pecadores en la tierra,
que los malvados no existan más
(Sal 104,33-35).

Al final de la alabanza queda el auspicio de que «los malvados ya no existan». Que ya no existan los abusos de los cínicos y de los prepotentes, que desaparezcan las intentos y las acciones de los malvados, de los necios que dicen: «No hay Dios» (Sal 14,1; 53,2) y oprimen al mundo con su egoísmo, con su codicia, con su violencia, con su indiferencia.

***

Aleluya.
Alabad al Señor en su Templo,
alabadlo en su fuerte firmamento;
alabadlo por sus obras magníficas,
alabadlo por su inmensa grandeza.
Alabadlo tocando trompetas,
alabadlo con arpas y cítaras;
alabadlo con tambores y danzas,
alabadlo con trompas y flautas;
alabadlo con platillos sonoros,
alabadlo con platillos vibrantes.
Todo ser que alienta alabe al Señor.
¡Aleluya! (Sal 150).

Índice

Introducción 7

1. ¡Escucha, hija! 13
Los Salmos, respuesta exultante
de Jerusalén 13
Orar es danzar 16
«Despertad, cítara y arpa» 22
Salmos y sentimientos 24
La querella del justo 28
Tiempos y lugares de oración 30
La gloria de Dios 32

2. El enemigo me persigue 41
Una constante de los salmos de súplica 41
El día de la lucha 46
La ira y el deseo de venganza 49
Los rostros de Dios 53
El Dios vengador 61
Guerra y paz 65

3. Mi refugio es el Señor 69
«Refugio mío, alcázar mío, Dios mío,
  confío en ti» 69
«Se puso junto a mí: lo libraré» 73
La oración por los enemigos........................ 77
Dios de misericordia................................... 81
Malvados y misericordiosos.......................... 83

4. Con palabras humanas........................ 89
Salmos y violencia...................................... 89
Bienaventuranzas y ayes.............................. 92
Defensor de los débiles................................ 95
«Espera en el Señor, sé valiente» 103

5. El rostro de los orantes 107
El cuerpo de Jesús es el nuevo templo 107
Jesús, ¿el justo?... 113
Jesús, el orante 118
«Se entregó por nosotros».......................... 126
Susurros y gritos 133

6. El mundo y lo humano en la oración
  de los Salmos 141
Nacer de nuevo... 141
La grandeza de lo humano 145
La grandeza del Creador 148